Wilhelm Scheibert, Justus Scheibert, Friedrich Scheibert

Der Segelsport

Wilhelm Scheibert, Justus Scheibert, Friedrich Scheibert

Der Segelsport

ISBN/EAN: 9783954272419
Erscheinungsjahr: 2012
Erscheinungsort: Bremen, Deutschland

© maritimepress in Europäischer Hochschulverlag GmbH & Co. KG, Fahrenheitstr. 1, 28359 Bremen. Alle Rechte beim Verlag und bei den jeweiligen Lizenzgebern.

www.maritimepress.de | office@maritimepress.de

Bei diesem Titel handelt es sich um den Nachdruck eines historischen, lange vergriffenen Buches. Da elektronische Druckvorlagen für diese Titel nicht existieren, musste auf alte Vorlagen zurückgegriffen werden. Hieraus zwangsläufig resultierende Qualitätsverluste bitten wir zu entschuldigen.

Bibliothek für Sport und Spiel

Der
Segelsport

von

J., W. und Fr. Scheibert

Mit Bilderschmuck und einem Beitrag
von **Willy Stöwer**
und weiteren 52 Abbildungen und 4 Tafeln von den Verfassern

2. vermehrte u. verbesserte Auflage

Leipzig
Grethlein & Co.

Seiner Kaiserlichen und Königlichen Hoheit
dem Kronprinzen des Deutschen Reiches und von
Preußen

Friedrich Wilhelm,

dem ritterlichen Gönner und Meister des Segelsports

in tiefster Ehrfurcht

gewidmet.

Inhalt.

	Seite
Vorwort	7
Vorwort zur 2. Auflage	8

A. Geschichtliches über den neueren Segelsport . . . 11

B. Das Boot . . . 23
    Beschaffung . . . 23
    Das Dingy . . . 25

C. Das Segeln im Boot . . . 29
    Die ersten Anfänge . . . 30
    Das Segeln in Lugger getakelten Booten . . . 31
    Kiel und Schwert . . . 35
    Wirkung des Windes auf Segel und Boot . . . 38
    Das Kreuzen . . . 42
    Das Wenden . . . 43
    Besondere Grundregeln der Segelkunst . . . 44
        Das Segeln am Winde . . . 44
        Halber Wind und raumschots . . . 48
        Segeln vor dem Winde und Halsen . . . 49
        Schwieriges Halsen . . . 50
        Reffen . . . 53
        Besondere Fälle . . . 55
    Die Vorsegel (Fock und Klüver) . . . 57
    Passieren von Hindernissen . . . 60
    Äußeres der Boote . . . 60

D. Das Kanoe . . . 64
    Binnengewässer für Kanoes . . . 65
    Beschaffung . . . 68
    Einrichtung und Ausrüstung des Segelkanoes . . . 69
    Das Äußere des Kanoes . . . 73
    Bauausführung . . . 73
    Kanoefahren . . . 76

E. Das Segeln im Kanoe . . . 80
    Im Kanoe auf See . . . 80

F. Jachten . . . 87
    Takelage . . . 89
    Einzelheiten der Takelage . . . 95
        Patenttreff . . . 96
        Rollfock . . . 96
        Anker . . . 97

G. Jachtsegeln . . . 98
    Die Kajüte . . . 98
    Die Größe der Jacht . . . 101
    Die Takelung . . . 101
    Segel . . . 102
    Segelsetzen . . . 102
    Die Fock . . . 102

	Seite
Großsegel	103
Reffen	104
Loswerfen vom Anker	105
Unter Segel	106
Wenden (Über Stag gehen)	107
Raumschots	107
Halsen	108
An die Boje gehen	108
Ankern	109

H. Segelnormen und Kleidung 111
Ausweichen 111
Führung von Flaggen 112
Die Kleidung 113

I. Das Tourensegeln 116
Wahl der Boote 116
Die Ausrüstung für die Reise 118
Die Fahrt 119

J. Wettsegeln 122
Vom Renn-Segelsport (Ein Beitrag von W. Stöwer) . . 122
Von der Erlernung des Wettsegelns 129
Eigenschaften einer Rennjacht 129
Der Mann am Ruder 130
Trimmen des Bootes 130
Die Segel 132
Die Mannschaft 133
Am Winde 135
Raumschots 137
Am Start 138

K. Behandlung und Überwinterung . . . 139
Die Behandlung der Boote und Jachten . . 139
Das Boot oder die Jacht 140
Im Winter 141
Das Kalfatern des Bootes usw. 141
Der Anstrich 142
Die Werft 144

L. Schlittensegeln 146
Eissegeln 150

M. Navigation 151
Der Kompaß 151
Aufstellung des Kompasses 153
Das Loggen 154
Die Seekarte 156
Das Lot 162

N. Alphabetisches Verzeichnis der gebräuchlichsten nautischen Benennungen 165

O. Segelvereine 172
Anhang: Tafel I—II.

Vorwort.

Navigare jocosum est!

Schneidig gebaute Jachten, Schaluppen, Kutter und Schoner schaukeln sich in unseren Häfen der Nord- und Ostsee, beleben die Flußmündungen und regen zum Segelsport an! Selbst bei Berlin befinden sich Flotten von fast Hunderten von Booten, Fliegen, kleineren und größeren Jachten versammelt.

Wie sieht es aber sonst in unseren herrlichen Binnengewässern aus, die es an Schönheit mit allen Seen und Becken der Welt aufnehmen können?

Man sehe die prachtvollen wellenbewegten Flächen der masurischen Seen an, man fahre durch die waldumkränzten Gewässer Mecklenburgs und man wird außer einigen Fischerkähnen und hier und da einigen Booten im Müritzsee sich vergeblich nach einem Segel umsehen, das seine Taubenschwingen in den klaren Fluten spiegelt.

Unbegreiflich für den, der in den frischen Brisen der Sommer- und Herbstwinde seine Nerven stärkte, der im schnellen Fluge auf den schaumgekrönten Wogen das trübe Getriebe der kränkelnden Welt abschüttelt! Solch eine Wasserratte kann nicht begreifen, wie jemand, der an den herrlichsten Ufern der Erde wohnt, an allen den Schönheiten vorbeigehen kann und Möwen und Enten es überläßt, sich auf den Wassern zu tummeln! Vielfach kommt es daher, daß Menschen, welche den edlen Sport nicht kennen, in der Tat lieber beim öden Skat oder dem noch öderen Seidel sitzen, statt Gottes herrlicher Natur ihre Geheimnisse abzulauschen.

Wie singt Byron:

„Die liebste Mutter ist mir doch Natur,
Wie lieblich ihre Züge sind!
Mir lacht sie stets, ob Tag, ob Nacht verrinnt,
Obwohl ich sie belauscht, wie keiner tat,
Und ihr in ihrem Zorn am liebsten bin genaht."

Die Natur in ihrem Zorne kann man nirgends besser studieren, als auf den schaukelnden Wogen! Hiervor fürchten sich die Landratten! Sie glauben, daß das Segeln auf weiteren Seen dem Gebaren eines Selbstmörders zu vergleichen sei! Allerdings wird der Laie, der nie eine Schote in der Hand hatte, beim ersten Sturme oder beim Einsetzen einer Bö sein Gefährt in Gefahr setzen! Aber ebenso, wie der Seemann nicht ohne Bedenken einen Vollblüter besteigen wird, um nicht einen gefährlichen Sturz zu riskieren, so wird sich auch der Anfänger nicht an die Führung eines größeren Fahrzeugs wagen, bevor er nicht eine Schule durchgemacht hat.

Unsere Aufgabe soll es in diesem Buche sein: die Lust zum Segelsport anzuregen, den Anfängern und Laien durch unsere Belehrung einen Begriff von dem ihnen unbekannten Sport zu geben, indem wir den Leser in die Geheimnisse der Dinge einweihen, um ihn Schritt für Schritt zu dem herrlichen Treiben „fit" zu machen.

Steglitz, Mai 1901.

Die Verfasser.

Vorwort zur zweiten Auflage.

Wie klein ist der Kreis, an den sich ein Büchlein über Segelsport wendet! Daß dennoch schon so bald eine zweite Auflage notwendig wurde, zeigt uns, daß wir auf dem richtigen Kurs segeln: dem Anfänger den Weg zu den Schönheiten dieses edelsten aller Sports zu öffnen, die Schleier zu lüften, hinter dem er bisher scheu vor Sport- und Naturfreunden verborgen gehalten wurde.

Nicht mehr ein Vorrecht der (was money anbetrifft) oberen Zehntausend soll der Segelsport bleiben, sondern ein deutsches Gemeingut werden, überall da, wo frische Brisen über weite blaue Flächen wehen. Dort soll in kühnem Ringen mit Wind und Wellen unser Volk sich frische Nerven und Gesundheit erkämpfen; mens sana in corpore sano!

Nicht an die übersättigten Genußmenschen wendet sich unser Buch, die, von bezahlter Mannschaft und Scipper gefahren, gelangweilt an den schönsten Stellen der Natur vorbei—schauen und den Sport betreiben — bloß weil man „dabei" gewesen sein muß.

Nein, gerade an den kleinen Sportsfreund, der seine Boote selber in den Rennen steuern will, selber seine Segel hißt und refft, selber seiner Jacht die Geheimnisse ihrer Segeleigenschaften ablauschen will, der Freude sowohl am rauschenden Brecher am Bug, als auch an stiller Waldbucht in traumverlorener Abendglut hat, an den wenden wir uns, er wird das Werk verstehen!

Herr Willy Stöwer, der bekannte Marinemaler und erfolgreiche Wettsegler war so liebenswürdig, uns durch einen Beitrag und köstliche Bilder zu unterstützen.

Seine Kaiserliche und Königliche Hoheit der Kronprinz des Deutschen Reiches und von Preußen, **Friedrich Wilhelm,** der Gönner und Meister jedes echt männlichen Sports, hat die Widmung des Buches gnädigst anzunehmen geruht.

Möge es unter diesen günstigen Aussichten wiederum seinen richtigen Kurs finden, dazu: Gode Wind!

Rastenburg und Berlin, November 1905.

Die Verfasser.

Unserer Jacht!

Wie schneidig schießt sie so dicht an dem Wind,
Die Segel leewärts gedrückt!
Wie jagt sie durch die Wogen geschwind,
Wie ein Traum, der der Welt uns entrückt.

Mit Reffen im Segel, die Stänge gefiert,
Mit Schaum am Bug und am Bord;
So trägt sie, was ihr zu tragen gebührt
An Tuch, hin im fröhlichen Sport.

Die Segel, die stehen wie Platten von Stahl!
Die Augen am Ruder halt auf!
Kein Killen im Zeug, wie der Wind auch schral',
Erlaube, kein Stocken im Lauf! —

Jetzt dreht in den Wind sie den edelen Bug,
Hoch hebt sich das Bugspriet im Rhe;
Der Boreas bläst nun wieder ins Tuch,
Verwandelnd das Luv jetzt in Lee!

Wir runden die Boje, raumschots geht es zu!
Auf, schüttet die Reffe nun aus!
Der Spinnacker neigt sich, entfaltend im Nu
Die Schwingen im Wogengebraus!

Stolz spritzet der Gischt hoch auf an dem Bug,
Der die Wege durch Wogen sich gräbt
Und rasend forttobt im rauschenden Flug,
Vom achternen Sturme belebt!

Ein Haleb! dem fröhlichen Segelsport!
Das Herz im Leibe uns lacht!
Ein Haleb! dem Leben an flüchtigem Bord!
Ein Haleb! dir, luftiger Jacht!

A. Geschichtliches über den neueren Segelsport.

Der so naheliegende Gedanke, den Wind zum Fortbewegen auf dem Wasser zu benutzen, wird wohl schon den ersten Menschen, die auf dem Wasser fuhren, gekommen sein. Mit dem Winde segelte ja schon jede Daune, die auf das Wasser fiel.

So dürfte also das Segeln sich wohl zu den ältesten aller Sportarten rechnen.

Wir begnügen uns hier, von dem reichen Stoff einige kurze Daten zu geben, die auf unser engeres Vaterland und auf die neuere Zeit Bezug haben.

In Deutschland, sowohl an der Küste, als auch im Binnenlande, war das Kielboot der am meisten übliche Typus. Massige schwere Boote, in denen ein Haufen Steine und altes Eisen als Ballast versenkt waren, stampften zwar sicher, aber auch nicht allzuschnell durch die Wellen.

Im Binnenlande liebte man es, ihnen noch einen phantastischen Anstrich zu geben.

Wir erinnern hierbei unsere Leser an die Ausrüstung und Bemalung z. B. der holländischen Kuffs. Ich entsinne mich noch deutlich aus meiner Jugendzeit in Berlin der mit Luggersegeln versehenen, aber als Schoner getakelten unförmlichen Fahrzeuge. Der hoch aus dem Wasser ragende Freibord war furchterregend mit Stückpforten bemalt; man konnte glauben, einen Sklavenjäger en miniature vor sich zu haben, während nur einige „große Weißen" nebst obligaten Schinkenstullen im Raume verborgen waren.

Unheimlich lange, seidenbestickte Wimpel, von denen an jeder Raa mindestens einer wehte, verkündeten dem Beschauer Namen und Siege des Fahrzeuges. Je bunter, desto besser! Die Kriegs- und Handelsflaggen aller Herren Länder sah man dort wehen. Deutschland war ja damals nur ein geographischer Begriff und seine Flotte war zum Gespött ganz Europas eben verhökert worden.

So gondelte man damals friedlich in den Binnengewässern herum. Berlin und Hamburg waren die Hauptzentren dieses Sports. Es ging nicht allzuschnell, besonders meist am Winde nicht, und so hatte man nicht weit nach Hause. Der Faktor „Zeit" stand ja niedriger im Kurse wie heute.

An der Küste segelte man schon seit alten Zeiten in sachgemäß gebauten Booten von großer Seetüchtigkeit und guten Amwindeigenschaften, wie sie auch heute noch z. B. in der Kieler Kragejolle und dem vierplankigen, flachbodigen, mit Seitenschwert versehen, sehr gut segelnden Nord- und Ostseefischerbooten und den Hamburger Ewern verkörpert sind.

Im Binnenlande erschien in den 60er Jahren, aus Amerika importiert, eine neue Bootsgattung, das „Schwertboot". „Empire city" hieß das erste Fahrzeug dieser Gattung, das großes Aufsehen und eine völlige Umwälzung im Bau der Binnenjachten hervorrief; ein Aufsehen, wie seitdem in neuerer Zeit nur noch das amerikanische Boot, der Wulstkieler „Bubble", gemacht hat. Statt des langen hohen Kiels unter dem Boot, der diesem die Fähigkeit gab, am Winde zu segeln, dafür aber eine unangenehme Zugabe im flachen Wasser war und die Drehfähigkeit verminderte, führte die „Empire city" ein Mittelschwert, d. h. eine Art Kiel, der ähnlich wie eine Messerklinge aus der Scheide, aus einem wasserdicht eingebauten Schwertkasten durch einen Schlitz ins Wasser heruntergelassen wurde. Hierdurch erhielt man genügend Fläche, um ein Seitwärtstreiben zu vermindern, konnte aber vor Wind, und besonders

Kragejolle.

in flachem Wasser das Schwert hochholen, was eine sehr große Annehmlichkeit war.

Der Umstand, daß die Schwertfläche in völlig unberührtes Wasser tauchte, machte sie sehr wirksam; daher segelten die Schwertboote sehr gut am Winde, drehten schnell und waren jedem älteren Kielboot so überlegen, daß man von nun an in Regatten Kiel- und Schwertboote getrennt segeln lassen mußte. Der Bau der ersteren schlief fast gänzlich ein. Das Mittelschwert hatte bei Renn- und Kreuzerjachten völlig gesiegt und dem neubelebten Segelsport eine Unzahl neuer Jünger geworben, denn man segelte eben sehr viel schneller und bequemer wie früher.

Gleichzeitig mit den „Amwindeigenschaften" der Boote wurden auch die Segel in dieser Richtung verbessert. Die bauchigen Luggersegel ohne Baum verschwanden und machten der flachgetrimmten Slooptakelage Platz. Die meist leichten Brisen der Binnenregatten reizten zu großen Segelflächen, und wie das Musterboot „Empire city", waren auch seine für Rennen bestimmten Nachbauten mit unsinnig großen Segeln ausgestattet. Eine Kollektion recht dicker Leute auf Luvkant mußte auf diesen breiten und flachen Booten die Segel tragen helfen. Trotzdem kenterten diese Dinger ziemlich häufig und trugen hierdurch wenig dazu bei, diese sogenannten „Flundern" bei Küstenseglern wie auch bei Laien in Binnenwassern beliebt zu machen.

Eine Beschränkung des lebendigen Ballastes beschnitt später diesen Rennmaschinen die weißen Schwingen, sehr zum Gedeihen einer seetüchtigeren Konstruktion der Boote.

Aber auch an der Küste hielt das Mittelschwert wenigstens für kleinere Jachten seinen Einzug. Die schmalen englischen Kutter, die ihre Segel nur durch sehr tief gelagerte Ballastmassen tragen konnten, wurden von der bequemeren Schwertjacht verdrängt.

Das Mittelschwert hatte auf der ganzen Linie gesiegt und behauptet sich auch heute noch, mit Ausnahme der Rennflossenkieler, in allen kleinen Jachten.

Die rasche Entwicklung des heimischen Segelsports war nur dadurch möglich, daß eine Reihe für ihren Sport begeisterter tüchtiger Männer, in Tat und Wort, durch ihr Vorbild seemännischer Tüchtigkeit und durch anregende Belehrung in der Fachpresse in weiten Kreisen das Interesse und das Verständnis dieses edlen Sports zu wecken verstanden.

In Berlin war als Konstrukteur der alte Hindenberg wohlbekannt. „Ette", die wohl die erfolgreichste aller älteren Berliner Binnenjachten, wenigstens was sportlichen Wert der Preise anbelangt, ist, stammt von seinem Zeichenbrett; sie gehörte am Winde bis hoch in die 90er Jahre zu den besten Booten, zumal wenn es ordentlich wehte. Bei der heutigen Schnellebigkeit will das viel sagen, denn „Ette" ist 1883 erbaut und mit bequemer Kajüte und Inneneinrichtung versehen, so daß sie auch zu Touren recht brauchbar ist.

Als ein selbständiger und talentvoller Geist unter den Konstrukteuren, deren wir heute eine ganze Zahl unser nennen, ist vor allem der leider zu früh verstorbene Marineingenieur Saefkow zu nennen. Von den vielen von ihm konstruierten Booten war die tiefe, den englischen Jachten nachkonstruierte „Lolly" vielen alten Seglern ein nur zu wohlbekannter Gegner. Unter der meisterhaften Führung ihres ersten Eigners, des Kapitänleutnants Arenhold, war sie eine gefürchtete Besucherin der Ostseeregatten, die nie ohne Preis durch das Ziel ging. Auch den seefesten Skandinaviern gab sie Zeugnis von deutscher Seemannschaft und deutschem Bootbau, indem sie auch von dort eine Anzahl Preise mit nach Deutschland brachte. Von Saefkows anderen im Binnenlande bekannten Konstruktionen ist zu nennen „Biribi", ein zur Ausnutzung des damaligen Meßverfahrens gebauter, ziemlich tiefer Kutter, der nie recht auf die Beine kommen wollte. Endlich, lange Zeit zu den schnellsten ihrer Art gehörig, die gedeckte Jolle „Dorothea", die besonders am Winde ganz hervorragend segelte.

Aber auch schriftstellerisch war Saefkow außerordentlich für unseren Sport tätig und weit über die Grenzen des Landes bekannt.

Gleichzeitig mit ihm wirkte emsig im Binnenlande G. von Glasenapp. Früher Husarenoffizier, hatte er nach den Feldzügen krankheitshalber den Dienst quittiert und sich als Militärschriftsteller einen Namen gemacht.

Im Sommer in Dievenow, sonst in seiner schmucken Villa neben der Potsdamer Matrosenstation, lagen seine Boote. Sein tätiger Geist gründete eine rein seglerische Zeitschrift „Ahoi". Unermüdlich arbeitete er an einer lange im Gebrauch gewesenen Vergütungstabelle und suchte die Binnensegler an die Küste zu ziehen.

Die Swinemünder Regatta 1886 gab mit die erste Anregung zum Zusammenschließen der Segelvereine und somit zur Gründung des für die Entwicklung des Segelsports so segensreichen Deutschen Seglerverbandes. Leider verstarb auch v. Glasenapp viel zu früh für den Segelsport in seinem geliebten, zwischen dem geschützten Bodden und der brandenden Ostsee liegenden Dievenow.

Zum besseren Verständnis der jetzt neu einwirkenden Verhältnisse müssen wir einen Blick auf die Länder werfen, in denen der Segelsport, vor allem das Wettsegeln in höchster Blüte stand, nämlich Amerika und England.

In Amerika hatte sich, begünstigt durch das flache Wasser hinter den vorgelagerten Inseln, das flache meist mit einem Mittelschwert versehene Boot entwickelt.

In England hatte ein Meßverfahren, das die Breite besteuerte, sowie im Verein mit dem tiefen und aufgeregten Wasser der englischen Küste einen tiefgeballasteten schmalen Kutter groß gezogen. (Vergl. Fig. 1 a, b.)

Bald sollten die beiden Nationen zu einem sportlichen Wettkampf ersten Ranges in die Schranken treten.

Im Jahre 1851 war ein sehr schneller amerikanischer Schoner „Amerika" nach England gekommen, um für den „Pokal der Königin" zu starten. Da um diesen nur englische Jachten segeln durften, stiftete die „Royal-Jacht Squadron" einen Herausforderungspreis. Die besten damaligen englischen Kutter traten gegen den Schoner in die Schranken, jedoch ohne Erfolg, denn als es ans Kreuzen ging, schlug der Schoner vor allem auch durch die vorzüglich flachstehenden Segel die Gegner in geradezu verblüffender Form.

Der Herausforderungspokal und der Ruhm der schnellsten Rennjachten war und ist für England dahin.

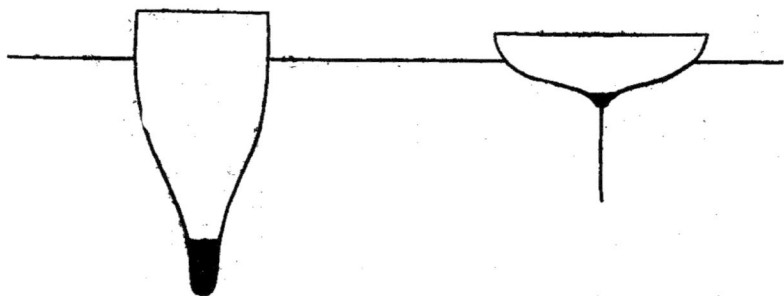

Fig. 1a, b. Querschnitt-Typen.

In diesem Mutterlande des Sports studierte man nun auch die Theorie des Bootsbaues und der Segelmacherkunst, die beide bis dahin lediglich handwerksmäßig betrieben waren.

Aber erst 1870 traute man es sich zu, einen Pokalkämpfer über den Atlantik nach Amerika zu senden, dem noch viele andere nachfolgten. Alle erlagen: „Cambria", „Livonia", „Countess of Dufferin"; „Genesta", „Galathea", alle diese, für damalige Verhältnisse sehr schnellen Jachten fanden meistens zu diesem Zweck konstruierte Neubauten, denen sie, wenn auch manchmal nur nach schärfstem Kampfe, regelmäßig unterlagen. Eigentümlich ist es, daß die englischen Jachten allmählich breiter, die amerikanischen tiefer gebaut wurden, so daß sie sich im Nullspant immer ähnlicher sahen.

1887 kam „Thistle" hinüber, ein Boot, das die Briten, wegen seiner in England gezeigten beispiellosen Überlegenheit den anderen Booten gegenüber, mit voller Siegeszuversicht in den Kampf ziehen sahen.

Der amerikanische Kämpe „Volunteer" kreuzte dieselbe gründlich aus.

„Thistle", später von S. M. dem deutschen Kaiser angekauft, wurde erst als „Meteor" zur Rennjacht, und wird jetzt als Schuljacht „Komet" zur Ausbildung von Jachtmatrosen benutzt.

Der reiche englische Lord Dunraven unternahm es in den 90er Jahren, die transatlantische Trophäe zu erringen, mußte aber den von Gebr. Herreshof konstruierten Jachten: „Vigilant", „Defender" unterliegen. Ebenso erging es den vom „Thee"-Lipton nach Amerika gesandten Shamrocks, die von „Valkyrie" und „Columbia" abgeführt wurden. Der Pokal ist noch in Amerika.

Die Gebrüder Herreshof hatten sich auf nautischem Gebiete durch ihre äußerst schnellen Fahrzeuge, Dampfjachten, Doppelboote, die alle ohne jede Anlehnung an ältere Modelle frei geschaffen waren, einen Weltruf erworben. Nach 19jähriger Pause sich wieder mit dem Bau von schnellen Rennjachten befassend, erzielten sie durch ihre Rennjacht „Gloriana", welche die geringe Belastung der Überhänge aufs äußerste ausnutzte, einen staunenerregenden Erfolg. Dies Boot trug immer noch das Blei am Bootskiel. Auch hiervon machte sich Herreshof frei und lagerte eine Bleiwulst unten an einer Stahl- oder Bronzeplatte, den „Wulstkiel".

Des größeren Hebelarmes wegen brauchte man viel weniger Bleigewicht und damit wieder weniger Deplacement, um dieselbe Segelfläche tragen zu können, was ungemein zur Erhöhung der Geschwindigkeit beitrug.

Die Erfolge dieser Wulstkieler waren beispiellos

und brachten wiederum eine Umwälzung des ganzen Jachtbaues mit sich.

In Deutschland waren es die Original-Herreshofboote „Bubble" und „Gududra", von denen letztere, ehe sie in dem Besitz des Prinzen Heinrich sich Lorbeeren erwarb, schon in England als „Wenonah" eine unerhörte Siegeslaufbahn hinter sich hatte.

Spielend schlugen beide Boote das beste Material Deutschlands auch der größeren Klassen. Natürlich zogen sie die Aufmerksamkeit der ganzen Seglerwelt auf sich.

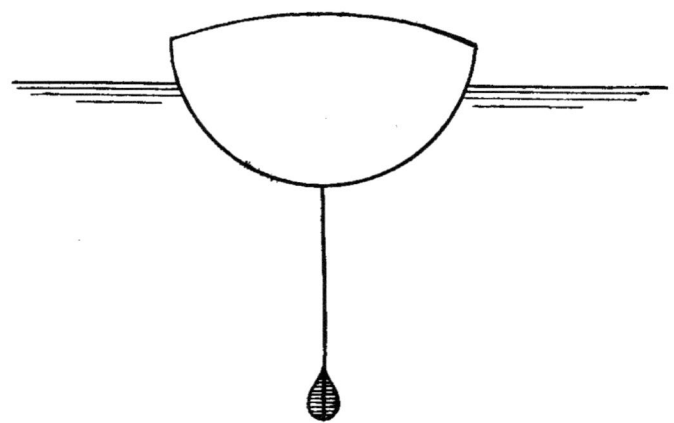

Fig. 2. „Bubble".

Man bestaunte das bis dahin in Europa nicht dagewesene Raffinement im Bau des Bootskörpers, sowie der Takelage. Mit peinlichster Genauigkeit war hierbei äußerste Leichtigkeit mit genügender Widerstandskraft gegeneinander abgewogen. Jedes Boot hatte seine Individualität für sich und unterschied sich bis in seine geringsten Details von den konventionellen Erzeugnissen englischer und deutscher Bootsbauer und Segelmacher. In beiden Ländern baute man jetzt Wulstkieler bis hinauf zu 15 m Jachten.

Doch die nimmer rastende Zeit schuf auch hier wieder Neues. In England und Amerika entstand unabhängig voneinander eine besondere Form des flachen Schwertbootes. Man suchte durch leichtesten Bau des Rumpfes die Wasserverdrängung auf das mindeste zu beschränken. Jeglicher Ballast fiel weg und eine ziemliche Breite gestattete der Besatzung eine nicht zu große Besegelung auch durch flottere Brisen hindurchzubalanzieren.

Mit einem tüchtigen Segler am Ruder waren diese Boote äußerst schnell, und wenn sie auch nicht so sicher waren wie die Wulstkieler, standen sie diesen doch an Geschwindigkeit nicht nur nicht nach, sondern zeigten sich oft überlegen. „Hie Flunder, hie Wulst-

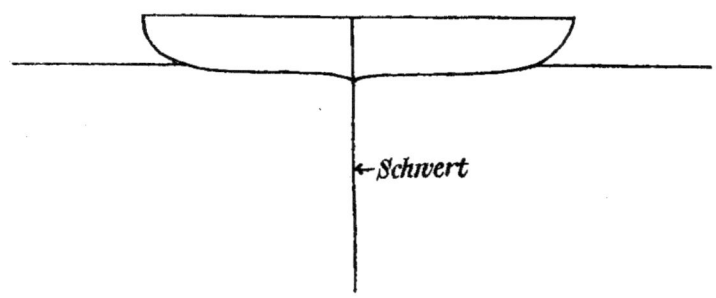

Fig. 3. „Butt".

kiel!" wurde nun das Feldgeschrei. „Butt", „Dora-Berlin" sind bekannte typische Boote für diese flache Klasse; Erzeugnisse deutscher Konstrukteure und Jachtwerften.

Natürlich konnten die derber konstruierten, gemächlicheren Tourenboote diese harte Konkurrenz nicht mehr mitmachen und so segelten, wie einst vor dem Auftreten der Wulstkieler, die Schwertboote jetzt in Klassen für sich bei den Regatten. Leider wurden die Rennflundern durch Beschluß des Segler-Verbandes von der Rennbahn verbannt. Sie erzogen schneidige Segler und aufmerksame Steuerleute. Ihr Erbe traten die Flossenkieler an, der Ballast war hier an einer flossenähnlichen Stahlplatte

2*

befestigt. Sie sind sicher, handlich und von geringerem Tiefgang, als der ursprüngliche Wulstkieler. Man mußte nun Kreuzer und Rennjachten in verschiedenen Klassen segeln lassen.

Wichtiger und fördernder aber für den deutschen Segelsport als die Erzielung kleiner, billiger, äußerst schneller Rennjachten war die Teilnahme, die das deutsche Herrscherhaus in allen seinen Gliedern am Gedeihen jeglicher Art von Wassersport nahm.

Nicht nur durch Stiftung von Preisen, sondern auch durch rege persönliche Ausübung zeigte sich ganz besonders dort ein hohes Interesse am herrlichen Segelsport. Weite Kreise, die bis dahin dem Segeln gänzlich ferngestanden, wurden aufmerksam, probierten, schlossen sich bald als begeisterte Anhänger dem aufblühenden Sport an. Die deutsche Jachtflotte und mit ihr der Sport nahmen einen ungeahnten Aufschwung.

Führten doch der Kaiser wie Prinz Heinrich oft genug Ruderpinne und Kommando auf ihren Booten in höchsteigener Person und erwiesen sich als erfahrene und entschlossene Segler ersten Ranges. Bald mußten Britanniens beste Jachten sich vor dem roten Adler im weißen Felde, der Rennflagge des neuerbauten Rennkutters „Meteor" des Kaisers, beugen.

Auch sein Ersatz, der schnelle Schoner „Meteor" vermochte manchen Sieg an seine Flagge zu heften, wenngleich er dem wunderbaren Erzeugnis des genialen Herreshof, dem Schoner „Ingomar", nicht gewachsen war.

Während der hohe Herrscher auf den komfortableren Schonerjachten die Rennen mitsegelt, haben sich die anderen Mitglieder des Königlichen Hauses, an erster Stelle sein hoher Sohn, der in allen Zweigen echt männlichen Sports wohlbewanderte Kronprinz, und seine Brüder, die Prinzen Eitel-Friedrich und Adalbert, die schwierige Aufgabe erwählt, in der so hart umkämpften Sonderklasse ihre Lorbeeren zu erringen. Wer je in böigem Wetter auf der Kieler Föhrde in so kleinem

Der Kronprinz,
    eine Sturmregatta in Kiel segelnd.

Fahrzeuge, über das der weiße Gischt nur so hinüberstiebt, ein solches Rennen mitgesegelt hat, weiß, daß dies einen ganzen Mann am Ruder erfordert.

Als einer der besten deutschen Rennsegler, gleich ob Flaute oder Sturm, gilt Prinz Heinrich; er ist den berühmtesten Kämpen von Hamburg, Berlin, Kiel durchaus gewachsen und selten geht trotz heißen Ringens die von ihm gesteuerte Rennjacht ohne den ersten Preis durchs Ziel. Ein Segler vom Scheitel bis zur Sohle!

Unter solchen Gönnern entwickelte sich der Sport rasch und organisierte sich zweckmäßig.

Der unter dem Protektorate des Prinzen Heinrich 1887 gegründete Marine-Regatta-Verein vergrößerte sich zu dem mit mancherlei Gerechtsamen ausgestatteten „Kaiserlichen Jacht-Klub", an dessen Spitze der Kaiser persönlich trat. Dies war ein mächtiger Faktor für das schnelle Aufblühen des deutschen Segelsports.

Die größeren deutschen Segelklubs vereinigten sich 1888 zu dem „Deutschen Segler-Verbande", der auf die gedeihliche Entwicklung des deutschen Rennsegelns durch Festsetzung von Regattatagen in den einzelnen Gewässern eine sehr ersprießliche Wirkung gehabt hat.

Man kann jetzt nacheinander in Kiel, Hamburg, Berlin-Wannsee, Berlin-Müggel die Regatten mit verhältnismäßig geringen Kosten und größerer Transportbequemlichkeit zwischen den einzelnen Regattaplätzen mitsegeln, während früher Regattatage und Plätze ziemlich planlos verteilt waren.

Nun gibt es aber auch zahllose tüchtige Segler, die im Einhandboot und in der Segeljolle ihrem Vergnügen nachgehen, teils weil die großen Kosten moderner Rennjachten ihnen die Teilnahme am großen Sport nicht gestatten, teils weil das Segeln mit zahlreicher bezahlter Mannschaft ihnen nicht die richtige sportliche Wertschätzung der einzelnen Persönlichkeit schien.

Auch sie treiben den Sport mit Passion und in der Stille. Ihnen winken keine wertvollen Preise, ein köstlicheres Gut schenkt ihnen der Segelsport: Gesundheit des Leibes und der Seele!

Möchten weite Kreise unseres Volkes dem Segelsport erschlossen werden; die segensreiche Wirkung dieses nervenstärkenden, den Blick erweiternden Vergnügens könnte nicht ausbleiben! Ahmen wir dem höchsten Protektor nach, über dessen Seefahrten der bekannte Marinemaler Professor Hans Bohrdt, den kaiserliche Huld öfters an Bord der kaiserlichen Jachten berief, in dem Hohenzollernjahrbuch von 1899 folgendermaßen berichtet:

„Durch die Sportsfreudigkeit unseres Kaisers geht der große Zug der Sorge für das deutsche Vaterland. Der vorausschauende Monarch gibt durch sein Beispiel dem Volk die Anregung, sich mit maritimen Dingen zu beschäftigen, und zugleich die Mahnung, den Spruch des Großen Kurfürsten: „Seefahrt und Handlung sind die führnembsten Säulen eines Estats" zu beherzigen.

Wenn der Kaiser auf flinker Segeljacht um den Siegespreis ringt oder mit seiner stolzen „Hohenzollern" die Meere durchquert, so gilt das alte lateinische Sprichwort:

„Pro patria est, dum ludere videmur."

B. Das Boot.

(Benennungen und Zeichnung der Konstruktion s. Anhang, Tafel I und II.)

Die Beschaffung.

Der Segelsport ist in seinen Hauptfortschritten noch jung und, wie wir früher bemerkten, auf wenige Zentren begrenzt. Dasselbe kann man vom einheimischen Bootsbau sagen; auch dieser ist im Großen auf die Hafenstädte Hamburg, Berlin, Bremen und Kiel beschränkt. Man lasse sich darum, trotz des Lokalpatriotismus, den wir sehr hoch schätzen, nicht darauf ein, bei heimischen Kahnbauern kleiner Städte Boote zu bestellen, sondern gehe an die größeren gangbaren Bootbaufirmen.*) Der Bootsbau hat in den letzten Jahren solche Fortschritte gemacht, daß nur der Fachmann, der mitten im Getriebe steht, imstande ist, Fahrzeuge zu liefern, die dem Segler eine Quelle ungetrübter Freuden bieten.

Noch weniger ersprießlich ist es, ein Ruderboot durch Unternageln eines größeren Kiels oder Einsetzen eines Schwertes in ein Segelboot verwandeln zu wollen.

Die Bootsform für Ruderboote ist ganz grundverschieden in ihrem Verlauf der Linien von der der Segelboote, so daß etwaige Zwittergestalten nie recht auf die Beine kommen. Bei günstiger Brise segeln sie ganz leidlich, aber sowie es an den Wind geht, wobei erst der Bootscharakter sozusagen geprüft wird, versagen die meisten, kreuzen miserabel, sind sehr naß und kentern ihrer meist geringen Breite wegen so leicht, daß

---

*) Im Inseraten-Anhang dieses Buches findet man einige ausgezeichnete Firmen angegeben.

wir nur dringend von solchen Experimenten abraten müssen. Lieber warte man auf Umtausch, Kauf oder Neu-

Fig. 4. Das Dingy.

bau eines Bootes, das von vornherein zum Segeln konstruiert ist.

Was anderes ist es für den, der nur für raumen

Wind sich ein Segel bauen läßt, um achterliche Brisen zum Faulenzen auszunutzen.

Unser Werkchen beschäftigt sich nur mit Booten, die lediglich für den Zweck des Segelns gebaut sind.

Mit dem kleinsten Bau anfangend, beschäftigen wir uns zunächst mit dem Dingy, um dann auch den Bau der Kanoes und größerer Boote und das Segeln in solchen kennen zu lernen.

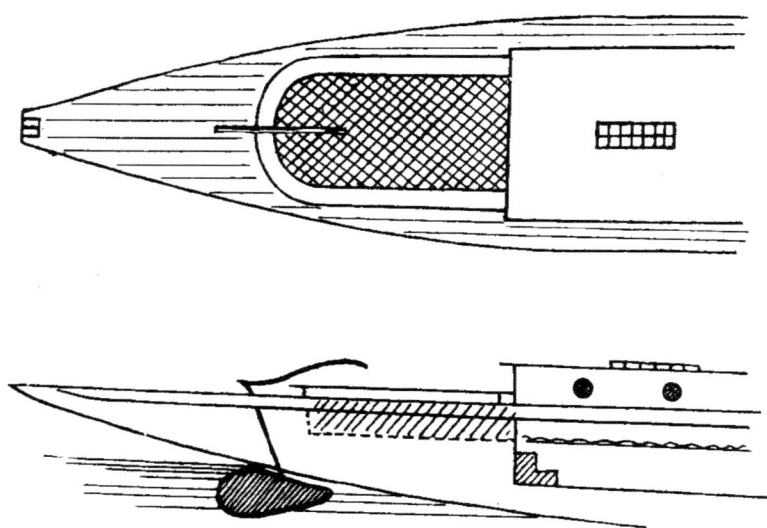

Fig. 5. Cockpit eines größeren Fahrzeuges.

Das Dingy.

An einem See wohnend, den wir täglich im Sommer durchkreuzen mußten, also jährlich etwa 700 mal überfuhren, war uns daran gelegen, ein handliches, bei jedem Wetter brauchbares und selbst in kabbligem Wasser sicheres Boot zu haben. Wir vernahmen, daß in Kiel bei Scharstein eine Anzahl solcher kleinen Dingys von Marineoffizieren bestellt seien. Der Riß gefiel uns und es wurde ein solches in Fichte erbautes Fahrzeug erstanden. (Jetzt kostet solch ein Boot 500 Mark.)

Obschon wir größere Boote besaßen und oft mit

größeren Jachten segelten, ist gerade dieses kleine Fahrzeug, auf dem man schnell und bequem Segel setzen konnte, Liebling der vielsegelnden Familie geblieben! Es ist ein Boot, in dem auf größeren Strecken 2 Mann bequem sitzen können, bei kleineren Touren etwa 3 Mann.

Der Führer wie die Gäste haben bequemen Platz im Cockpit, so nennt man den bei gedeckten Booten aus dem Deck geschnittenen Raum, der ein Setzbord, d. h. eine dichte, 10—25 cm hohe Einfassung hat, um die über Deck spülenden Wogen abzuhalten, in das Cockpit zu laufen. Unter Deck hat das Dingy vorne wie hinten geräumige Kasten, in denen man alle möglichen Dinge wasserdicht verstauen kann; eine Annehmlichkeit, die auf Touren, oder von dem, der täglich in Geschäften fährt, gar nicht hoch genug angeschlagen werden kann. Das „Omnia mea mecum portans" ist für den Gebrauch äußerst angenehm, macht den Segler sehr unabhängig, auch von schlechtem Wetter, und

Fig. 6. Lugger-Takelung.

gibt ihm Gelegenheit, allerhand Werkzeug, Waterproofs usw. regensicher zu verstauen.

Die geringe Abmessung und die Leichtigkeit des Bootes machen den Transport auf der Bahn sehr leicht und billig; dabei ist es ein äußerst sicheres Fahrzeug, das sich auch in grober Welle recht gut benimmt.

Ein sehr beliebtes Boot, und auf allen Binnengewässern, wo Segelsport getrieben wird, seiner Handlichkeit und guten Segeleigenschaften wegen zu finden, ist die sogenannte Alsterjolle. Sie ist aber durch Neukonstruktionen, die alle diese Eigentümlichkeiten in erhöhtem Maße besitzen, überholt. Diese Boote entstammen den letzten Jahren, sie werden im allgemeinen als „Fliegen" oder „Motten" bezeichnet.

Es sind für ihre Größe äußerst schnelle und tüchtige Boote, man kann schnell Segel setzen und sie bequem bei Stille rudern.

Gut geführt, sind sie den älteren Jachten annähernd

Fig. 7. Kluge's „Motte".

in der Geschwindigkeit gewachsen, so daß man an solchen Fahrzeugen wirklich Freude erlebt.

Wir bringen als Typus dieser Bootsgattung die von Kluges Werft in Sakrow bei Potsdam, deren Spezialität der Bau solcher Fahrzeuge ist, entworfene Zeichnung, die sich auf mehrjährige Erfahrungen im Bau und Segeln solcher Boote stützt (s. Anhang Tafel I und II.)

Das Boot ist 6,1 Meter lang, also bedeutend größer als das Kieler Dingy, dennoch zum Rudern noch handlich. Seine übrigen Verhältnisse sind aus dem Risse zu ersehen. Die Motte ist flach gebaut, mit ganz ebenem Boden. Ihre vollen Linien, sowie die ziemlich bedeutende Breite geben dem neuesten Typ dieser Klasse eine hervorragende Segelfähigkeit. Die Besegelung — 19 qm (15,6 qm Großsegel und 3,4 qm Fock) — ermöglicht selbst bei schwacher Brise genügende Fahrt.

Die Teilung der Segelflächen entspricht den Gesetzen der Schönheit und denen einer leichten Handhabung des Bootes. Die steile Stellung des Segels, die demselben die Form des Huari gibt, läßt die Motte in recht eleganter Form sich präsentieren.

Kluge baut die Motten aus Eiche, mit Mahagoni-Oberplanke und -deck. Vorne und hinten am Boote — im Risse durch punktierte Striche angedeutet — befinden sich zwei Schotten mit Luftkasten, so daß selbst das umgeschlagene Boot noch schwimmt. Der Mann am Ruder und seine Gäste usw. sitzen auf dem Deck, auf dem zu diesem Zwecke schwache Leisten befestigt sind.

Die Rundhölzer sind, um das Oberschiff möglichst zu entlasten, hohl gehalten.

Das Boot würde ohne Ruder nur 0,20 Meter tief gehen; selbst mit diesem gebraucht es nur 0,5 Meter Wassertiefe, wenn das Schwert oben ist. Ist dieses ganz heruntergelassen, so hat das Boot einen Tiefgang von 1,20 Meter. Preis 1200 Mark.

In letzter Zeit hat sich auch die weniger formenschöne, aber dafür auch erheblich billigere Sharpie, ein kahnähnliches Fahrzeug mit flachem Boden, viel Freunde gerade unter den weniger bemittelten Seglern erworben. Sie besitzt die angenehmen Eigenschaften der Motte in fast demselben Maße, ist ebenso sicher in jedem Wetter und kostet die Hälfte bis ein Drittel eines anderen Bootes. Wir prophezeien ihr eine weite Verbreitung, zumal der flache Boden für das Schlafen bei Touren sehr angenehm ist. (Siehe Anhang Tafel II.) Preis ca. 350 Mark.

C. Das Segeln im Boot.

Mit wahrem Hochgenuß entsinne ich mich meiner ersten Leistung im Segeln und empfinde eine ähnliche Lust daran noch heute; darum grolle der Leser nicht, wenn ich an diesen ersten Versuch anknüpfe. Das Gut meines Onkels lag an der Reglitz, die jeder rechte Stettiner kennt. Mit Mühe und Not drückten wir „halbe Kinder" dem Onkel die Erlaubnis ab, die Ruder uns holen zu können. Als wir darin uns sicher fühlten, auch schon mit Hemd und heimlich beseitigten Laken schwache Versuche zum Segeln gemacht hatten, fand ich nach tagelangem Suchen endlich das versteckte Segel oben auf dem obersten Hahnenbalken einer Scheune. Die Tante durfte es nicht sehen, sonst hätte sie Ohnmachten bekommen! Ich schlich mich daher morgens bald nach 3 Uhr aus dem Bette, schlug mich mit meinem lang ersehnten Schatz seitwärts durch die Gebüsche nach dem Kanal, der in den Strom mündete, stellte den Mast auf, bäumte das Sprietsegel aus, erfaßte den Strick (Schote) und jauchzte vor Wonne, als bei dem leichten Winde der Kahn in der Tat allein vorwärts ging. Natürlich rannte ich, wie jeder Anfänger, rechts und links die Ufer an, bald aber erhielt ich eine Sicherheit, die von Tag zu Tage stieg, bis ich schließlich auf dem verrufenen Dammschen See meine Künste trieb und später „with all the dear family" dem schönen Segelsport mich widmete!

Machte es einem anfangs schon großes Vergnügen, einen immer bereiten, nie ermüdenden Motor zu haben, so tritt später die Lust, „mit den Elementen zu kämpfen" hinzu; dann wird das Segeln erst Sport. Dieser wird gar geadelt, wenn noch hinzutritt das Verständnis für die Führung zur See, für den Schnitt und die Stellung der Segel, sowie für die Finessen und Geheimnisse des Baues und der Konstruktion von Rennbooten.

Die ersten Anfänge.

Selbstverständlich ist, daß nicht jemand direkt vom Ladentisch auf ein Vollblutpferd sich schwingt, ebenso selbstredend, daß eine gewisse Sicherheit im Rudern und Kahn- oder Bootsfahren vorhanden sein muß, ehe der Sportliebende sich an das Segeln selbst heranmacht! Wer am Wasser wohnt, und nur solche werden die Kunst des Segelns treiben wollen, wird Gelegenheit genug gefunden haben, sich in der Führung eines Bootes sicher zu machen! Darin muß er so firm sein, daß er selbst bei böigem Winde und hohen Wellen das Fahrzeug sicher zu regieren vermag.

Der arme Schlucker segelt mit Kahn und Sprietsegel, solange der Wind günstig ist, und rudert, wenn dies nicht der Fall, gegen solchen an. Dazu gehört keine Kunst, das lernt jedermann aus der Praxis. Wer es aber getrieben hat, dem kommt auch dieses zugute, da er ein Gefühl für die Kraft des Windes, von dem Wesen der Steuerung und von den Bewegungen der Wasserfahrzeuge erhält!

Gebietet jemand über Mittel, so hängt die Größe des Fahrzeuges von mancherlei ab: Von der Höhe der zur Verfügung stehenden Gelder, von seiner Fertigkeit im Segeln, sowie von den besonderen Eigentümlichkeiten des Segelreviers.

Wer an der Küste, an den Ufern breiter fahrbarer Ströme, Flußmündungen oder größerer Seekomplexe, wie Havelseen, Masurische, Mecklenburger Seen usw. wohnt, kann naturgemäß größere Boote gut ausnutzen, während der Anwohner an kleinen Gewässern am besten in kleineren Jollen segelt, die dem Umfang und der Tiefe der Gewässer entsprechen.

Zur Beschaffung der größeren Jachten, die wir im letzten Teile behandeln, schreite er nur, wenn er außer einem großen hinreichend tiefen Segelrevier auch seine Jacht sicher beherrscht, sonst könnte er sich, Mitsegler und Fahrzeug in die größte Gefahr bringen. Eine be-

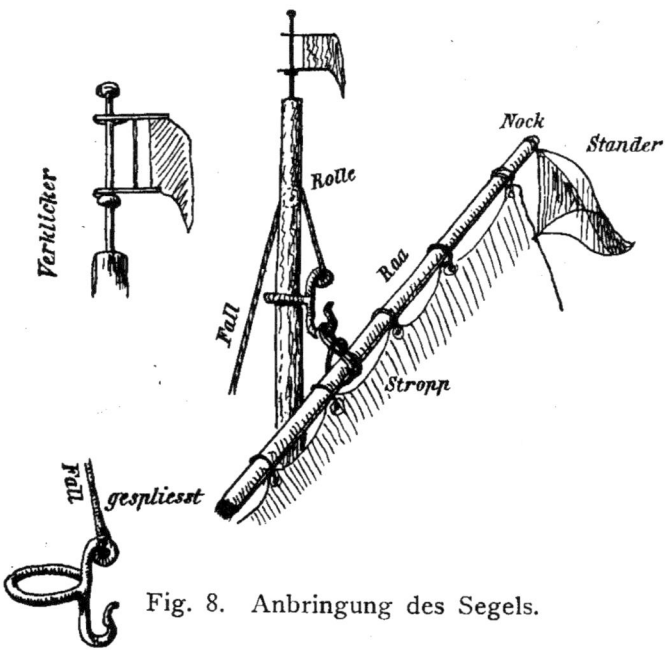

Fig. 8. Anbringung des Segels.

zahlte Hand an Bord, die den Eigner in solchen Fällen bevormundet, ist noch weniger angenehm! Außerdem gehört dazu ein weiter Geldbeutel, der nicht nur das Fahrzeug, dessen teure Unterhaltung, alle 4 Jahre neue Segel, sondern auch die Gehälter für 1—2 Leute bestreiten kann. Wir befassen uns hier nur mit dem Segelsport, bei dem es heißt: Selbst ist der Mann!

Das Segeln in Lugger getakelten Booten. (Fig. 6)

Die meisten kleineren Jollen sind sehr handlich und als Lugger getakelt. Sie führen nur ein Segel, das an eine Raa, am besten von Bambus und unten an einen hölzernen Baum angeschlagen ist. Die vorhergehende Detailzeichnung zeigt die Anbringung des Segels an den im Boote eingesetzten Mast, über den man vorher den Mastring mit Haken gezogen und den Fall durch die Rolle im oder am Mast hindurchgeschoren hat. Etwa auf $^1/_3$ der Raa, von vorne ab gerechnet, ist um dieselbe ein Stropp geschlungen, an diesen hängt man das Segel in den Mastring; mittelst des Falles wird es gesetzt (hochgezogen).

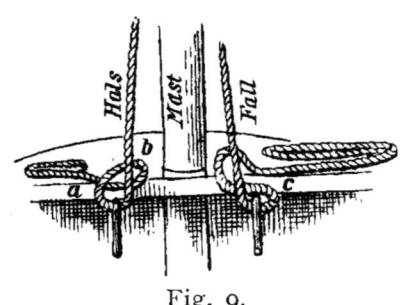

Fig. 9.
a und b festziehen, bis der Schlag wie bei c am Nagel ansteht.

Ehe man den Fall holt, belegt man unten lose den Hals, was man nicht versäumen darf, da bei Wind sonst das Ende des Halses ausschert und das Segel als Fahne

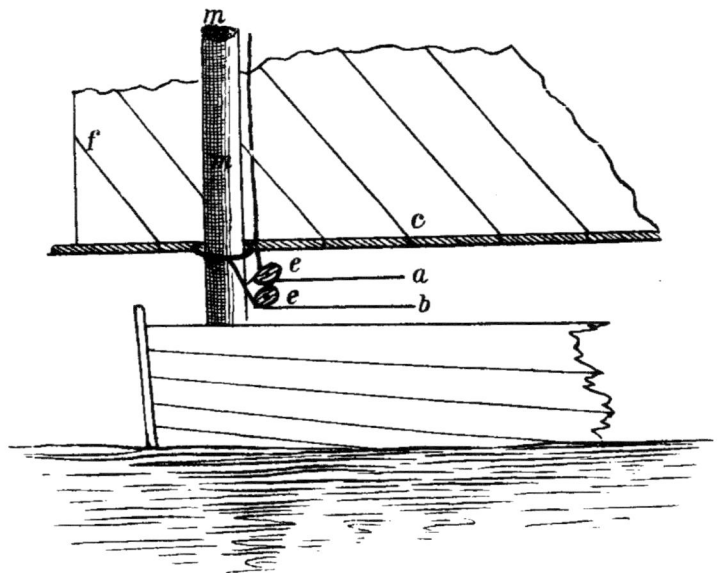

Fig. 10. Befestigung des Segels (Unterbaums).
a = Hauptfall. b = Hals. c = Unterbaum. e = Kloben. f = Vorderliek. m = Mast.

oben lustig am Mast weht; läßt man nun, um das Segel in Gewalt zu bekommen, den Fall nach, so weht es in das Wasser.

Hat man das Segel nun so hoch gesetzt, wie man es haben will, so legt man den Fall fest und setzt den Hals recht steif, bis das Segel kleine Falten zwischen Hals und oberer äußerer Raanock wirft. Dies ist sehr wichtig für ein gutes Stehen des Segels am Winde und muß bei längerem Kreuzen von Zeit zu Zeit wieder-

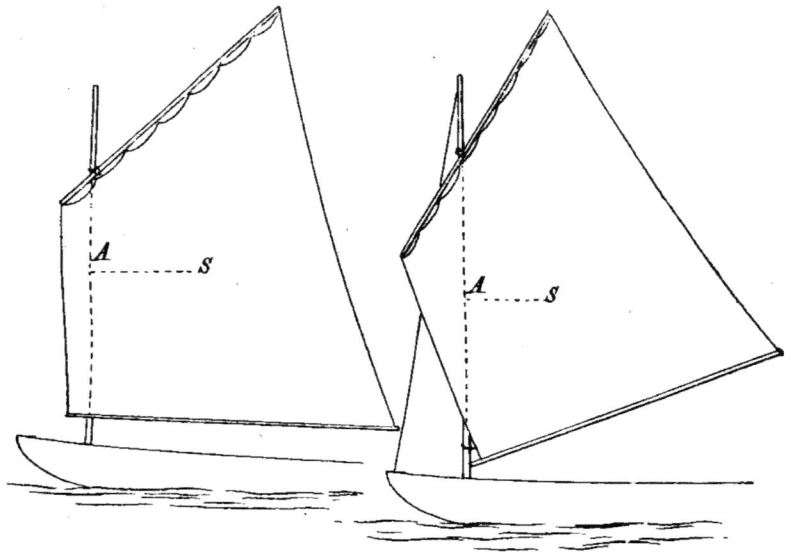

Fig. 11 und 12. Anholung des Halses.

holt werden, da sich Hals und Fall nachrecken. (Fig. 11 zeigt schlecht, 12 gut gesetztes Segel.)

Die Raa in Fig. 11 wird sich bei Brise in hohem Maße durchbiegen und dadurch das Segel sich bauschen.

Angenehm ist es, wenn die Halstalje an einem Ringe am Maste befestigt wird (Fig. 10), da dann das Segel immer dicht am Maste steht und nicht beim Loswerden oder Brechen des Halses auswehen kann.

Zu bemerken ist noch, daß man die Stellung des Segels zum Maste und damit den Gang des Bootes unter Segel auf folgende Weise etwas regulieren kann: Je weiter man den Stropp an der Raa nach der oberen Raanock zu versetzt, und demgemäß das ganze Segel beim Setzen mehr nach vorn kommt, desto steiler und besser steht das Segel, desto freier kann der Steuermann unter ihm weg nach vorn sehen.

Es ist merkwürdig, von wie großem Einfluß für das Kreuzen gerade bei Luggern das richtige Setzen des Segels ist.

Nach dem Aufziehen legt man den Fall mit dem Stiche der Fig. 9 an den Coffeynagel fest; auch der recht fest nach unten geholte Hals wird an dem für diesen bestimmten Nagel in derselben Art befestigt wie

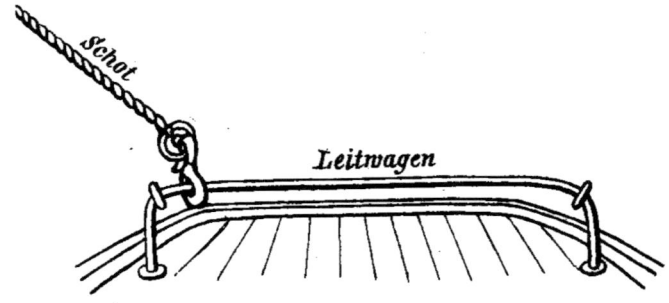

Fig. 13. Leitwagen.

der Fall. An dem Unterbaume des Segels befindet sich ein Block, beziehungsweise bringt man einen solchen auf einem dem Baume übergestreiften Wanderring an. Durch diesen Block schert man die Schote, d. h. das Tau, mit dem man das Segel regiert. Diese Schote ist hinten am Leitwagen (Fig. 13) an einem Ringe befestigt, der frei auf dem Leitwagen einherlaufen kann; das andere Ende bedient der Steuermann mit der äußeren Hand, während er mit der inneren (s. Fig. 6) das Ruder (Steuer) regiert. Die Schote hat er dabei um den Coffeynagel gelegt. Das Festlegen der Schote empfiehlt sich nur für sichere Segler bei gleichmäßiger Brise. Wenn man die Schote belegt, so geschieht dies am vorteilhaftesten nach beistehender Figur 14, so, daß man mit einem kurzen Ruck die Schote lösen kann.

Die Fahrt jedes Segelbootes wird bestimmt durch Stellung des Segels und Ruders, sowie durch die Wirkung des Kieles oder Schwertes.

Kiel und Schwert.

Wir haben, wie erwähnt, im Anhange die Benennungen der Bootsteile gegeben, mit einer Detailzeichnung des Baues in der der Laie die Konstruktion des Kiels finden wird. Diesen Kiel haben Ruderboote nicht nötig,

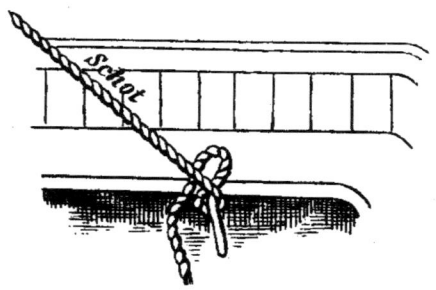

Fig. 14. Die Schot.

nur Segelboote bedürfen eines solchen resp. eines Ersatzes seiner Fläche, da sie schon bei halbem Winde sanft seitwärts gehen und bei Viertelwind nicht gegen den Wind hochkommen würden, indem dann die Seitwärtsbewegung die Vorbewegung aufhebt. Der Kiel resp. sein Ersatzmittel, das Schwert, nötigt nun das Fahrzeug geradeaus nach vorn oder rückwärts zu gehen, weil er jedem Seitwärtsdrängen des Bootes im Wasser Widerstand leistet. Wenn nun ein Kiel recht wirkungsvoll werden soll, so muß er eine gewisse nicht unbeträchtliche Tiefe haben. Unsere Binnengewässer haben aber viel seichte Stellen und flache Ufer, so daß das Segelrevier für solche Kielfahrzeuge ein recht beschränktes bleibt und man nur selten landen kann.

Das Schwert, das die Kahn- und Ostseefischer schon seit undenklichen Zeiten führen, ersetzt den Kiel (denn auch diese Leute haben mit dem flachen Wasser zu rechnen), diese Schwerter sind seitlich angebracht und werden bei jeder Wendung leewärts heruntergestoßen.

Die Amerikaner, deren flache Gewässer den festen Kiel nicht aufkommen ließen, sind die Einführer des Mittelschwertes, das in eigenem Schwertkasten mittelst Kette oder Leine auf und nieder zu bewegen ist. Das

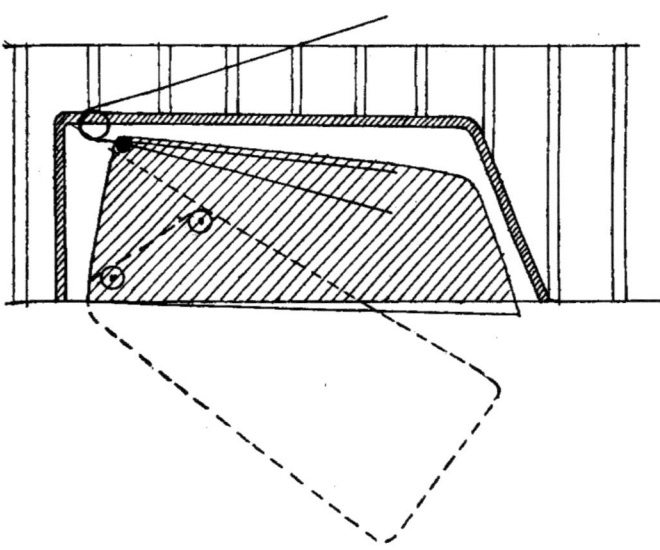

Fig. 15. Mittelschwert.

Schwert geht durch einen Schlitz durch den nun sehr niedrig gehaltenen Kiel und kann vorn um einen Zapfen schwingend tief heruntergelassen werden. Durch Anbringung von Ballast im oder am Schwert kann man gerade in kleineren Booten die Stabilität sehr wirksam erhöhen.

Die Binnensegler sind dankbare Schüler der Amerikaner, denn man kann mit Recht sagen, daß die Einführung des Schwertes die Binnensegelei erst auf den heutigen Standpunkt gebracht hat.

Das **Schwert** hält vermöge seines Lateralplans, d. h.

seiner Fläche, die das Seitwärtstreiben des Bootes verhindert, dieses am Winde.

Der richtige Platz für das Schwert ist von außerordentlicher Wichtigkeit für das Boot. Die Konstrukteure berechnen denselben aus der eingetauchten Seitenfläche des Fahrzeuges und dem Segelschwerpunkt. Doch wollen wir hier nicht mit Formeln langweilen. Ist das Schwert zu weit vorn eingebaut, so wird das Boot luvgierig, und in diesem steten Bestreben, die Spitze in den Wind zu drehen, liegt es schwer auf dem Ruder; durch das fortwährende Schrägstehen des Ruderblattes wird nunmehr das Wasser in seinem richtigen Ablauf gehemmt und dadurch das Boot in seiner Fahrt.

Man kann hier einige Remedur eintreten lassen, indem man den Mast mehr nach vorn setzt, oder bei Luggern den Stropp an der Raa weiter hinten und ein Vorsegel anbringt; diese Maßregeln bringen den Segelschwerpunkt mehr nach vorn.

Ist das Schwert zu weit hinten, so muß man das Boot fortwährend an den Wind drücken, eine auf die Dauer noch mehr ermüdende Arbeit. Durch entsprechende Maßregeln, natürlich umgekehrt wie oben, wird man diesem Übelstand begegnen.

Segelt man bei harter Brise mit halbem Winde oder auch raumschots, so nimmt die Luvgierigkeit noch mehr zu, so daß man in harten Böen das Boot gar nicht im Kurse halten kann, ohne die Schote abzufieren. Bei solchen Gelegenheiten empfiehlt es sich, das Schwert teilweise oder auch ganz hochzuholen.

Wieviel Schwert man einem Boote bei den verschiedenen Windstärken geben muß, ist lediglich Sache der Praxis. Dabei ist zu erwägen, daß das weit heruntergelassene Schwert sich durch den auf ihm lastenden seitlichen Druck nicht unerheblich durchbiegt und dadurch ein ziemlich starkes Hemmnis für die Fahrt voraus bildet. Durch einen Blick in den offenen Schwertkasten des am Winde segelnden Bootes kann sich jeder davon überzeugen.

Probieren geht hier, wie stets beim Segeln, über studieren. Hat man die richtige Lage gefunden, so bringe man am Schwertfall Marken an.

Auch als Grundsucher, vor allem in unbekanntem Fahrwasser, ist das Schwert sehr angenehm. Wieviel „Ruheplätzchen" hat uns das warnende Schurren des Schwertes schon erspart! Wer jemals bei flotter Brise in einem tiefen schweren Kielboot ordentlich festgekommen ist und sich stundenlang die Arme ausgestakt hat, während andere lustig vorüberrauschen, der kann ein Liedchen davon singen und doch ist es gerade beim Kreuzen in engen Gewässern so wichtig, jeden Fußbreit Fahrwasser mitzunehmen.

Wirkung des Windes auf Segel und Boot.

Wir möchten die Leser, die in der Tat sich praktisch mit dem Sport beschäftigen wollen, anregen, diese wenigen folgenden Zeilen und Figuren genauer durchzusehen.

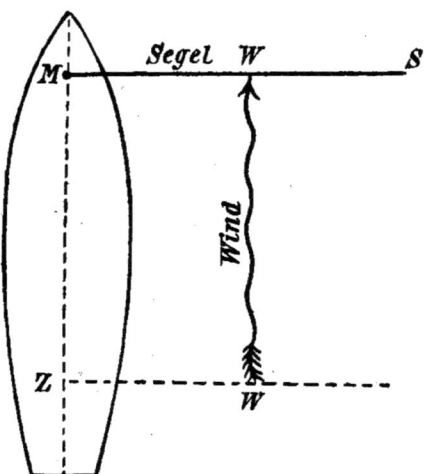

Fig. 16. Wind von achtern.
Treibkraft = ZM.

Die beistehenden Figuren zeigen ganz genau die Wirkung des Windes auf die Segel, vorausgesetzt, daß die Segel „gut stehen", d. h. gerade Flächen bilden.

Der Wind habe die Richtung Ww. (Fig. 16).
1. Kommt der Wind von achtern (hinten), so wirkt

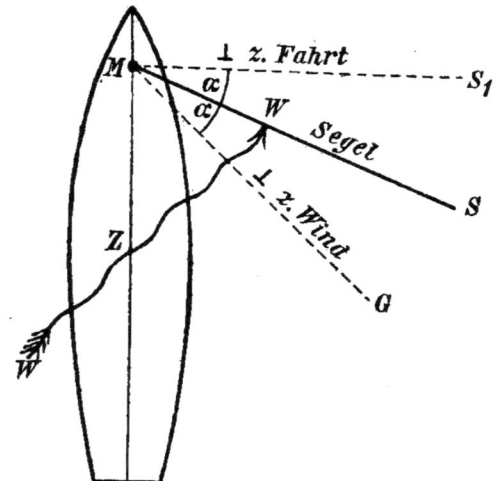

Fig. 17. Dreiviertelwind.
Treibkraft = ZM.

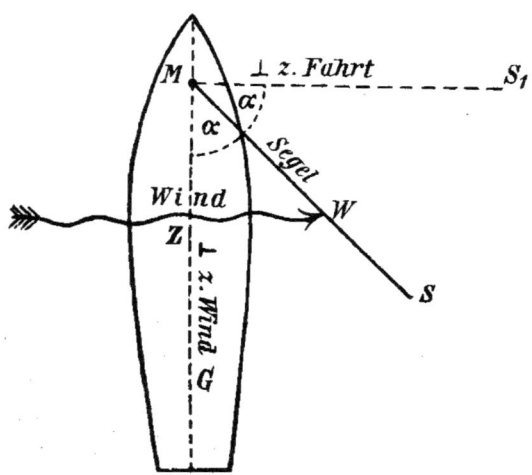

Fig. 18. Halber Wind.
Treibkraft = ZM.

die ganze Kraft auf das Segel, das die Stellung M-S hat, weil der Wind die Segelfläche senkrecht trifft. Die volle Stärke Ww kommt dem Laufe des Bootes zugute.

2. Kommt der Wind schräg von hinten (Dreiviertelwind) (Fig. 17), so würde er senkrecht auf eine Fläche M-G treffen. Nach Berechnungen ist aber die größte Ausnutzung dieses Windes dann vorhanden, wenn das Segel in der Richtung M-S, d. h. auf dem halben Winkel der Senkrechten auf Bootsmitte M-E und Windsenkrechte M-G steht. Die treibende Kraft ist hierbei noch gleich M-Z.

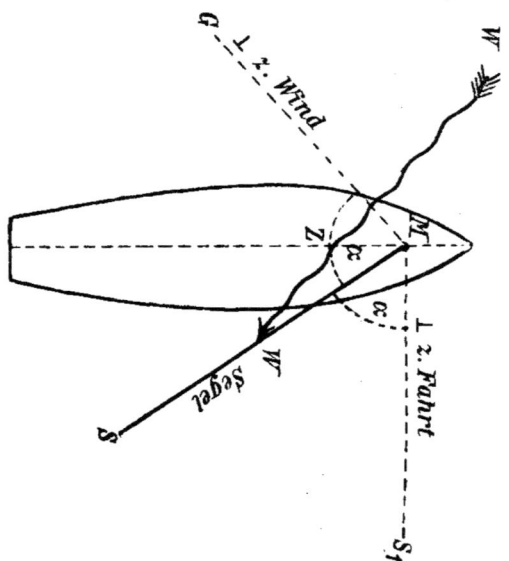

Fig. 19. Viertel Wind (Am Winde).
Treibkraft = ZM.

Man nennt das Segeln unter den Bedingungen 1. und 2. auch „raumschotssegeln".

3. Kommt der Wind genau von der Seite (halber Wind) (Fig. 18), so trifft er das Boot genau senkrecht zu seiner Mittellinie und würde, wenn das Segel senkrecht zum Winde stände, dieses nur auf die Seite legen. Auch hier äußert der Wind die größte Kraft, wenn das Segel in Linie M-S steht, die den Winkel M-E mit G-M teilt. Die Kraft, mit der das Boot vorgetrieben wird, beträgt nur noch M-Z.

4. Kommt der Wind schräg von vorne (Einviertelwind) (Fig. 19), so würde er, wenn das Segel in M-G, also senkrecht zum Winde stände, das Boot rückwärts treiben. Das Segel muß aber stehen in Richtung M-S, wieder in der Halbierungslinie des Winkels E-M-G. Die treibende Kraft hat nur noch die Größe M-Z. Hieraus ersieht man, daß die leiseste Achterbrise das Boot

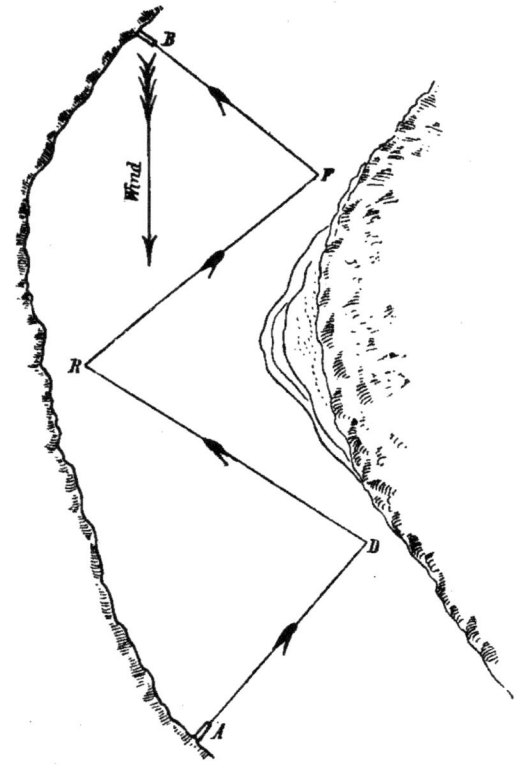

Fig. 20. Das Kreuzen.

noch vorwärts bringt, während beim Segeln mit Einviertelwind dessen Kraft am wenigsten zur Geltung kommt; man nennt das Segeln bei Einviertelwind: „am Winde" segeln. Anderseits beweist das Vorgetragene aber, daß man direkt auch gegen den Wind segeln kann. Man benutzt dann, um vorwärts zu kommen, abwechselnd rechts und links den Viertelwind von vorn. Dies wird nachstehend erläutert.

Das Kreuzen.

Man bezeichnet die Seite, von der der Wind kommt, als „Luv", die Seite, nach der er hingeht, nach der das

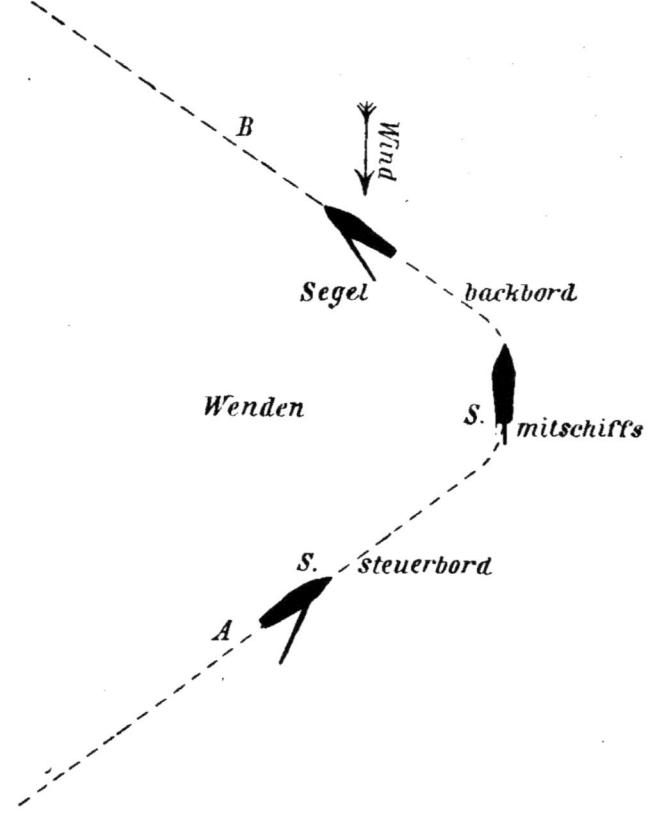

Fig. 21. Das Wenden.

Boot also überliegt, als die „Leeseite" eines Fahrzeuges, wie man die rechte Seite „Steuerbord", die linke „Backbord" nennt. Wir haben aus Fig. 19 ersehen, daß ein Boot noch unter 45 Grad gegen den Wind anfahren kann.

Will man nun z. B. von A nach B segeln, während der Wind genau entgegen (Fig. 20), also von B nach A bläst, so muß man ihn anschrägen (kreuzen) und die Linie A-D-R-F-B absegeln. Die einzelnen Strecken heißen „Schläge".

Die Richtung der Schläge wird durch den Wind bestimmt, gegen den man im Winkel von 45 Grad anfährt; die Länge der Schläge richtet sich nach dem Fahrwasser. Mit der Zeit und durch Übung lernt man die Fahrstraße ausnutzen, ebenso, besonders in Binnengewässern, die kleinen Windveränderungen (Schralen oder Raumen des Windes) benutzen. Die Strecken A-D, D-R, R-F usw. stehen etwa senkrecht zueinander.

Hat man das Segel auf der rechten Seite stehen, also auf der Steuerbordseite, so heißt der Schlag „Steuerbordschlag".

Hat man das Segel links stehen, so heißt er „Backbordschlag", daher sind die Schläge A-D und R-F „Steuerbordschläge"; die unter D-R und F-B „Backbordschläge", was für die Bestimmungen über das Ausweichen kreuzender Boote im Gedächtnis zu halten ist.

Das Wenden.

An den Punkten D, R und F muß das Boot mit der Spitze in den Wind gehen und folgende Bewegung machen (Fig. 21), bei der man sieht, wie das Segel allmählich von Steuerbord auf Backbord kommt. Man nennt diese Bewegung „wenden" oder „über Staggehen!" Gut gebaute Boote führen diese Bewegung in kürzester Zeit aus. Natürlich nimmt man die Schote, sowie das Segel von selbst über ist, auf das andere Bord, der Mann am Ruder setzt sich selbst auf die Luvseite.

Steht das Segel zu weit nach hinten, so wird das Boot „luvgierig", d. h. es will immer von selbst „in" den Wind gehen; steht es zu weit nach vorn, so wird es „leegierig", d. h. es will von selbst „abfallen". Daher ist das Gleichgewicht zwischen Segelstellung, schnitt, ihrer Anordnung und Boot herzustellen.

Besondere Grundregeln der Segelkunst.
Das Segeln am Winde.

Da ein gutes Segeln am Winde die besten Eigenschaften von Boot und Segler erfordert, muß sich jeder Segler bestreben, sowohl sein Fahrzeug, als auch sich selbst darin möglichst zu vervollkommnen.

Das Segel ist steif gesetzt und darf, wenn die Schote dicht geholt ist, keine Falten mehr zeigen, das Schwert ist unten. Sehr wichtig ist nun die richtige Beurteilung der Segelstellung, die sich im richtigen Anholen der Schote äußert. Ein Mittschiffsholen des Unterbaums, um dem Wind möglichst viel Angriffsfläche zu bieten, ist bei richtigem Stehen des Segels um so verkehrter, je kleiner das Fahrzeug ist. Deswegen ist ja auch der Leitwagen da, um ein gutes Niederholen des Segels nach der Leeseite zu ermöglichen, man muß darum die freie Part der Schote, um dies nicht wieder aufzuheben, auch möglichst in Lee festlegen oder wenigstens unterklemmen. Viele Segler belegen aus alter Gewohnheit oder Bequemlichkeit die Schote mittschiffs, so daß sie zur Wendung bloß das Ruder überlegen brauchen, dies gibt auf jeden Fall dem unteren Teil des Segels eine unrichtige Stellung nach Luv zu.

Auf großen Booten hat dies Mittschiffsholen nicht den Einfluß; doch haben auch hier viele Boote und wahrlich nicht der schlechtesten Segler mehrere Leitwagen für die Großschot, um eben ein richtiges Einstellen des Segels zu ermöglichen.

Man muß nun durch Ausprobieren die Länge der geholten Schote ermitteln, bei der das Boot am besten kreuzt und der Anfänger wird gut tun, durch ein Kennzeichen diese Stelle der Schote für den Gebrauch zu markieren.

Sehr vorteilhaft für den Stand des Segels ist es, dem bei viel Wind durch den Druck des Segels hervorgerufenen Durchbiegen des Mastes nach hinten, durch

Stützen desselben mittelst Stages von der Mastspitze nach dem Vordersteven zu begegnen. Größere Lugger oder Cat — (ein großes Gaffelsegel) getakelte Boote spreizen diesen Stag, um ihm mehr Wirkung zu geben, durch eine Art kurzen Bugspriets, doch dürfte bei einem modernen Löffelbug der Vordersteven schon genügende Entfernung vom Maste haben.

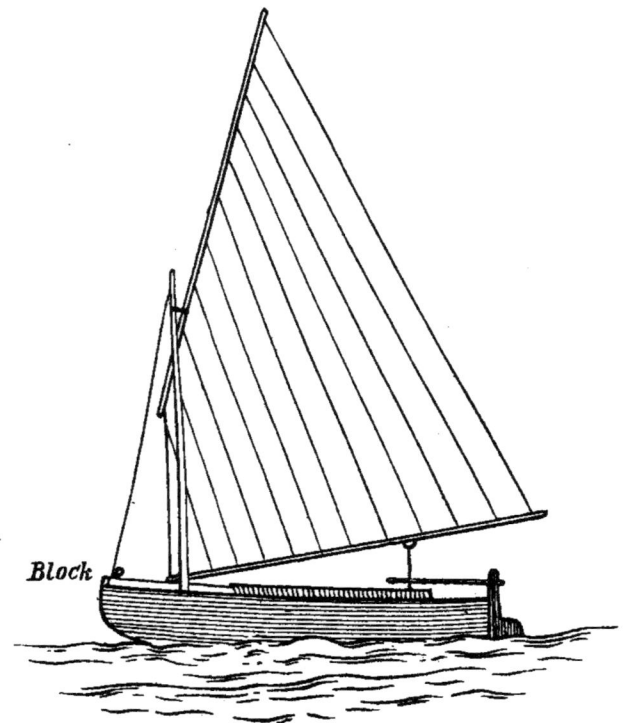

Fig. 22. Fall als Stag geführt.

Scheut man die Anbringung eines Stages, so kann man ihn einigermaßen dadurch ersetzen, daß man den Fall nicht senkrecht am Mast herunter, sondern durch einen Block auf dem Vordersteven führt (Fig. 22).

Da manchmal der Wind nicht stetig ist, auch in teilweise durch Berge oder Wald abgedecktem Segelrevier die Brisen sehr verschieden in der Richtung sind, so muß der Segler sich daran gewöhnen, das Wasser zu beobachten. Der Wind gibt auf der Oberfläche des Wassers, schon ehe er an das Boot herankommt, seine Richtung zu erkennen. Ein geübtes Auge erspäht oft schon

Fig. 23. Vollzeugbrise.
(Am Wind.)

an kleinen Bewegungen, wohin der Wind, besonders wenn er „schralt" oder „raumt", d. h. mehr von vorn oder von der Seite kommt, sich wenden wird, und richtet danach seine Schläge ein. Die Vorteile, die besonders beim

Kreuzen aus solcher Routine erwachsen, multiplizieren sich bei jedem Schlage.

Der Mann am Ruder muß sich zunächst daran gewöhnen, das Ziel nicht aus dem Auge zu verlieren, und darf sich nicht auf Naturbetrachtungen usw. einlassen, so daß das Boot aus dem Kurse kommt, denn dies verrät sofort den Laien. Sein Auge muß unaufhörlich Segel und Wasser beobachten!

Allmählich wird einem dies zur zweiten Natur und erfahrene Segler steuern lediglich nach ihrem persönlichen Gefühl stundenlang „voll und bei", d. h. richtig, ohne durch zu dichtes an den Wind kommen die Fahrt zu verlieren oder durch einen zu raumen Kurs Höhe zu verschenken.

Der Anfänger aber richte sich zunächst nach seinem Segel, nicht etwa nach dem Verklicker (dem Windfähnchen auf dem Maste), oder nach etwaigen in die Wanten gebundenen Zeugstreifchen, die alle eine mehr oder minder falsche Windrichtung angeben. Sieht jemand beim Segeln am Wind oben nach seinem Fähnchen, um zu kontrollieren, ob sein Boot den richtigen Kurs anliegt, so kann man sicher sein, daß er noch nicht allzuweit in die Geheimnisse der edlen Segelkunst eingedrungen ist.

Bei härteren Brisen läßt man das Boot leicht gegen den Wind kommen, jedoch nie so weit, daß das ganze Segel „killt" (flattert), lieber fiere man bei einem groben Stoß die Schote etwas ab. Das Boot muß unter allen Umständen Fahrt vorwärts behalten, nur dann ist man Herr in demselben.

Oft sieht man ängstliche Seelen, die bei jedem groben Windstoße immer weiter anluven, bis das Boot die Fahrt verliert oder gar rückwärts geht. Ein in Fahrt befindliches Boot schwächt durch sein schnelles Vorwärtsgehen bei einer Bö die Stoßkraft derselben erheblich ab, dem stillstehenden Segler kann es daher gerade leicht passieren, daß er bei einer plötzlichen Bö „drin" liegt. Der erfahrene Segler nimmt lieber mal etwas Wasser in das Boot und kreuzt ruhig weiter. Hier zeigt sich mehr wie wo anders die gute „seamanship".

Halber Wind und raumschots.

Mit halbem Wind und raumschots pflegen die meisten Segelboote ihre größte Geschwindigkeit zu entwickeln.

Hier ist nicht soviel Segelkunst erforderlich, wie beim Segeln am Winde. Die Praxis wird einem die richtige, dem Boot und der Windstärke angepaßte Segelstellung bald lehren.

Unangenehm ist das Segeln bei halbem Winde und hoher Welle, die gerade mitschiffs kommt. Das Boot macht unangenehme Bewegungen, als säße man auf einer Rutschbahn, es empfiehlt sich dann, einige Striche mehr an den Wind zu gehen oder abzufallen. Das Boot macht dann bedeutend angenehmere Bewegungen. Auf offener See, in der die Wogen in größeren Zwischenräumen heranrollen, kann man die einzelnen Kämme abfangen.

Ein gewisser Grad von Luvgierigkeit ist bei halbem Winde und raumschots immer vorhanden, zumal wenn das Schwert unten ist. Legt sich das Boot nun in einer harten Brise weit über, so kommen die breiten Teile des Bootes, die besonders bei älteren Konstruktionen ziemlich weit vorn liegen, zu Wasser; die Luvgierigkeit wächst dann derartig, daß bei solch hartem Überliegen die Boote dem Ruder nicht mehr vollständig gehorchen. Man muß dann die Schote abfieren, wenn man das fest gegen den Schwertkasten gepreßte Schwert nicht in die Höhe bekommt.

Während man härtere Brisen beim Kreuzen durch leises an den Wind gehen lassen des Bootes pariert, hält man bei halbem Winde Kurs und fiert eventuell mal die Schote etwas ab, um einen besonders groben Stoß abzufangen, da man dadurch schneller fortkommt.

Mit halbem Wind und raumschots kann das Boot

viel mehr Segel tragen, wie am Winde. Ist man irgendwo mit günstigem scharfen Winde hingesegelt und muß dann zurückkreuzen, so muß man vor dem Rückweg an ein etwa erforderliches Reffen denken.

Segeln vor dem Winde und Halsen.

Bei viel Wind und Seegang, besonders bei „alten Kästen", versagt das Boot die Wendung (das über Stag gehen), da bleibt nichts übrig, als die ganze Wendung anders herum zu machen. Statt in den Wind zu gehen, fällt man nach der Leeseite hin ab und läßt statt der

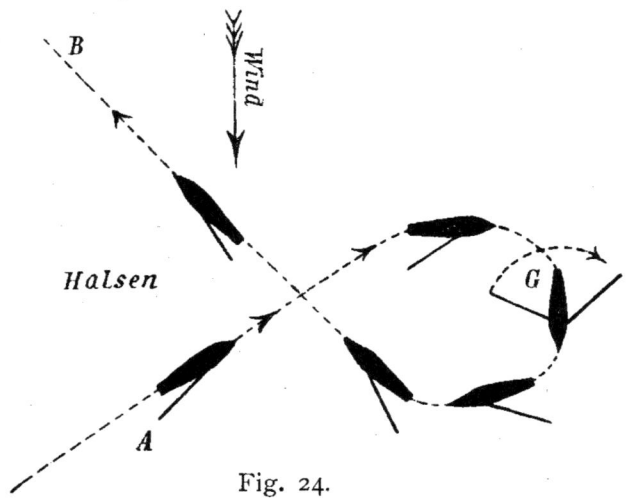

Fig. 24.

Viertelschwenkung das Boot eine Dreiviertelschwenkung ausführen (Fig. 23).

Man holt zu diesem Manöver das Großsegel, besonders in dem Momente, in dem der Wind genau achtern steht, mittschiffs an und läßt es, sobald der Wind von der anderen Seite das Segel faßt (siehe Fig. 24, G), leicht übergehen, indem man die Schote gut und sehr rasch abfiert, dann geht man allmählich wieder an den Wind.

Liegt das Boot genau vor dem Winde, und man ist gezwungen, so aus der Richtung zu fahren, daß das

Segel auf die andere Seite gelegt werden muß, so ist das Manöver dasselbe. Da bei heftigem Winde selbst für firme Segler das Halsen nicht ungefährlich und die bei Wind sehr heftige Ruckbewegung beim Übergehen des Großsegels auch dem Boote und der Takelage nicht zuträglich ist, so macht man die umgekehrte Bewegung: man geht wie beim Wenden durch den Wind, und macht nun die Dreiviertelschwenkung. Auf diese Weise bekommt man das Segel auf die richtige Seite ohne wesentliche Anstrengung des Materials.

Der Anfänger übe dieses Segelmanöver bei schwachem oder mittlerem Winde so oft, bis er ganz firm in der Sache ist. Das Halsen bei viel Wind ist ein recht unangenehmes Manöver, das man nach Möglichkeit vermeidet, doch kann man auch dazu gezwungen werden. Ein typisches Beispiel kann ich aus meiner Praxis zu Nutz und Frommen für jedermann erzählen:

Schwieriges Halsen.

Ich segelte eines Tages, es war Anfang März und wehte recht hart mit Böen aus Süden, auf der Havel vor Wind in einer unserer Alsterjollen mit zwei meiner Kameraden. Das für die vollständig offene Jolle ziemlich große Segel hatte ich steuerbord. Mit mir auf gleicher Höhe dampfte ein Radsteamer mit 5 Schleppkähnen, den ich, ihn backbord liegen lassend, langsam überholte. Ich war dicht an den Schlepper herangegangen, um auf seiner Steuerbordseite Platz zu einer Wendung zu bekommen; denn ich wollte bei der steifen Brise nicht halsen, da ich schon mehrere Male Gelegenheit gehabt hatte, bei diesem Manöver in die „Verschmetterung" zu kommen.

Während ich so harmlos mit rauschender Fahrt dahinschnaubte, begann der Schlepper plötzlich eine scharfe Biegung nach rechts zu machen, so daß ich, wenn ich meinen Kurs beibehielt, direkt auf seinen Radkasten loskommen mußte (Fig. 25).

Mit der Jolle gekentert.

Nun war keine Zeit zu verlieren, ich übersah die kritische Lage sofort, sagte auch zu meinen Kameraden: „Jetzt liegen wir drin oder wir sitzen im Radkasten!" Da letztere von beiden Aussichten die unangenehmere sein soll, beschlossen wir lieber einen Reinfall zu riskieren. Schleunigst halste ich, was auch vorzüglich gelang, nur die äußerste Ecke des Segels hatte das Wasser zu fassen bekommen und kam natürlich nicht los, hierbei wurde das Bord so in Lee gedrückt, daß sich das

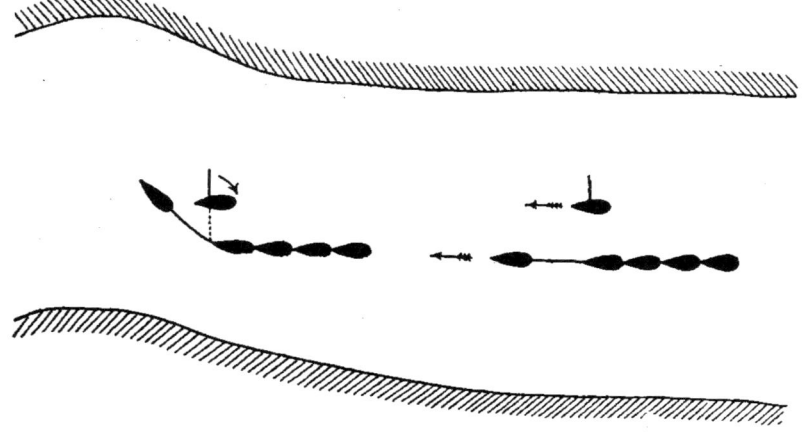

Fig. 25.

Boot im Nu mit Wasser füllte und sich mit dem mir nur zu wohlbekannten gurgelnden Tone auf die Seite legte.

Schnell wurde im Wasser das Segel heruntergelassen, während ein Freund schwimmenderweise seinen auf den Wellen tanzenden neuen Photographenapparat in Sicherheit brachte. Dann drehten wir das Boot völlig um und krochen auf den lustig in den Wellen sich wiegenden Bauch der Jolle (es war am 6. März und ein kaltes Bad ist da kein besonderer Hochgenuß), bis wir von den hilfsbereiten Schiffern in Sicherheit gebracht wurden.

In diese unangenehme Lage, ohne einen Ausweg zu haben, kann man besonders in engem Fahrwasser leicht geraten. Dann ist es am besten, das Segel bald herunter zu lassen.

Im Fahrlander Kanal bei Potsdam habe ich einmal während einer starken Bö, ohne meinen Willen eine starke Uferbeschädigung verübt. Ein schweres Gewitter war aufgezogen und mußte sich jeden Augenblick entladen. Plötzlich sausten die ersten Böen durch die Weiden. Da dieselben platt von achtern kamen, so wollte ich natürlich, da ich mich auf einer Tour befand, dies soviel wie möglich ausnutzen, um einige Kilometer zu „schinden". Das Boot nahm aber in den äußerst heftigen Böen so starke Schlingerbewegungen an, daß ich nur mit Hilfe meiner beiden Freunde, indem wir das Boot bald auf Back-, bald auf Steuerbord springend balancierten, geradeaus steuern konnte. Zuletzt machte der Kanal eine Biegung, so daß ich hätte halsen müssen, dies versuchte ich auch, aber beim Anholen des Segels machte die Jolle einfach, trotzdem ich das Steuer fast quer hielt, mit uns allen ohne weiteres rechtsum, und saß bis an die Hälfte aus dem Wasser gehoben auf dem Lande. Glücklicherweise hielten Boot, Mast und Segel den barbarischen Stoß aus, der uns mit einem Kopfsprung unter die Bänke beförderte. Schnell wurde das Segel heruntergelassen, um unter demselben den inzwischen eingetretenen Gewitterregen abzuwarten.

Man vermeidet daher gern bei böigen Brisen das Segeln platt vor dem Wind. In einer etwas schräg einsetzenden Bö halst sonst das Boot mal unvermutet, der Baum schlägt die Insassen an den Kopf oder wirft auch mal einen über Bord, abgesehen von den anderen „accidents", die, wie vorhin gezeigt, einem dabei zustoßen können.

Ganz besonders ist dies zu beachten, wenn dazu noch eine schwere Welle steht; das Boot giert dann trotz peinlichster Aufmerksamkeit des Steuernden nicht unerheblich nach beiden Seiten, zumal wenn sich das Ruder zum Teil oder ganz aus dem Wasser hebt.

Man hüte sich auch gerade bei Lugger getakelten Booten, dem Segel vor Wind zu viel Schote zu geben. Von einer gewissen Windstärke an hebt sich dann der Baum nach oben, das Segel bildet einen mächtigen Bauch und das Boot fängt, unterstützt durch die Wellen, an, derart zu schlingern, daß es auf beiden Seiten Wasser nimmt, ganz abgesehen davon, daß schwächliche Naturen davon seekrank werden können. Dies hört sofort auf, sowie man die Schote etwas anholt und mit $^3/_4$ Wind segelt. Ein gewandter Segler wird zu dem hierdurch nötig werdenden Halsen einen günstigen Augenblick zu erfassen verstehen, sonst wendet man und segelt dann den neuen Kurs weiter, wie oben beschrieben.

Reffen.

Je erfahrener und wagelustiger nun der Segler wird, desto lieber wird es ihm, wenn es ordentlich weht. In den spritzenden weißköpfigen Wellen scheint alles im Boot Leben zu bekommen. Das tapfre Fahrzeug fliegt durch die Wogen, die es neckisch mit ihrem Gischt hoch hinauf überschütten. Da wird dem richtigen Segler erst das Herz warm!

Wenn man nun auch mal ab und zu bei steifer Brise in jugendlichem Übermut ein Boot mit zu viel Segel kühn hindurchbalanciert, wo jede falsch parierte Welle oder Brise gleichbedeutend mit einem kühlen Bade ist, so wird man doch besonders bei Touren oder mit Gästen, womöglich Damen an Bord, an das Reffen denken müssen.

Ausreffen ist bald gemacht; Reffen an Land oder vor Anker ist einfach, draußen bei starkem Wind und hohen Wellen aber eine sehr unangenehme und wenn man allein ist auch gefährliche Arbeit; dies muß man stets bedenken, ehe man bei viel Wind loswirft.

In Jollen kann man schon viel erlangen, wenn man das Segel, welches man gewöhnlich so hoch führt, daß der Baum frei über die Köpfe schwingt, so niedrig wie nur irgendmöglich setzt. Man nützt dann dieselbe Segelfläche aus, hat aber den Hebelarm, den der Wind am Segel findet, bedeutend verkürzt.

Dafür sieht man recht schlecht, besonders wenn das Boot hart überliegt, nach Lee, was bei zahlreichem Verkehr leicht zu Zusammenstößen führen kann; auch muß man sich dabei ferner in acht nehmen, daß der Baum beim Übergehen in der Wendung oder beim Halsen Einem nicht an den Kopf schlägt.

Am Lande refft man stets, indem man das Segel vorher recht glatt setzt; beim Patentreff, das alle neueren Boote haben, wird durch dessen Umdrehen das Segel um den Baum aufgerollt; man sehe sich jedoch vor, daß der Wanderring und die Schote nicht mit eingerollt werden.

Refft man mit Bändseln, so ist es auch hier vorteilhaft, das Segel zu setzen, ehe man refft, da nur hierdurch von Anfängern ein Segel faltenlos gerefft wird.

Ist man genötigt, im freien Wasser zu reffen, so bindet man das Segel auf den Hals und den Baum in einem günstigen Augenblick nieder. Man muß dazu natürlich dicht an den Wind gehen, da man sonst den Baum nicht in die Hand bekommt. Dann fällt man wieder ab, holt sich neue Fahrt, geht wieder dicht an den Wind, um auf diese Weise nach und nach die Reffbändsel herunterzubinden. Auch hier ist die Hauptsache, immer Fahrt voraus im Boot zu behalten. Ist das Segel gerefft, so fiert man den Fall etwas, damit das Segel weiter herunter kommt und streckt es gut durch den Hals, wobei man die Schote „lebend" läßt.

Ein gutes Setzen des Segels ist gerade bei viel Wind von der höchsten Wichtigkeit. Nur mit einem recht glatt stehenden Segel kann man auch eine harte Bö durch Anluven, Schote fieren usw. abwettern. Mit einem Segel, das bauscht und dadurch rückwärts zieht, ist dies unmöglich. Deswegen, je härter es weht, je kleiner das Segel ist, desto steifer setze man die Fallen und recke es öfters nach, damit die geringe Segelfläche recht wirkungsvoll bleibt.

Im allgemeinen tut man deswegen gut, zum Reffen sich in den Schutz des Luvufers zu begeben, wo man unter Schutz in Ruhe das Manöver sorgfältig ausführen kann. Man fährt dabei besser, im wahrsten Sinne des Wortes, als mit schlecht gerefften, mangelhaft stehenden

Fig. 26. Bei schwerem Unwetter.

Segeln, ganz abgesehen von dem schauerlichen Anblick, den man dem Kennerauge bietet.

Der erfahrene Segler, bei dem das Reffen nur minutenlang dauert, wird den Schutz des Ufers verschmähen.

Besondere Fälle.

Gewitter sind bei uns häufig und bringen auch für den Segler recht angenehme Abwechslung in die sommerlichen Flautentage.

In offener Jolle sei man vorsichtig und suche sich

Schutz, unter dem man die Entwicklung beobachten kann. Ein guter Platz im Rohre hat den Vorzug, daß man verhältnismäßig geschützt liegt und das Boot nicht durch die Wellen hin- und hergeschleudert oder gar beim Festlegen an Bollwerken mehr oder weniger stark beschädigt wird. Niemals kann man vorher wissen, aus welcher Richtung die Böen einsetzen werden; sind diese aber erst da, so ist es meist zu spät, das Boot wo anders zu vertäuen. Die Hagelschauer prasseln dann über das Ufer oder quer über das Bollwerk, und niemand hat dann Lust oder gar Kraft, das Boot gegen den Sturm wo anders hin zu staken oder zu rudern.

Im Rohr dagegen liegt man sehr gut, besonders wenn man gerade das Luvufer gefaßt hat; man findet aber auch auf dem Leeufer meist eine geschützte Stelle, wo man, unter das Segel geduckt, Böen und Regen über sich hinwegsausen lassen kann (Fig. 26).

Eine solche Gewitterbö unter Segel abzuwettern, ist für ein kleines Boot ein unnützes Wagnis; erst wenn es zu spät ist, erkennt dann der Neuling seine Ohnmacht, gegen diese elementare Gewalt anzutrotzen. Man kann die Windkraft, die in solchem Gewitter steckt, eben nicht abschätzen, und wer öfters gesehen hat, wie auf dem freien Wasser solch Unwetter tobt, daß die Segel wegfliegen wie Seidenpapierfetzen, wird keine Schande darin finden, den ersten Ansturm ruhig in der Deckung abzuwarten.

Manchmal sind ja die Windstöße nicht so sehr grob, auch gibt es Gewitter mit Windstille, aber hier ist „Vorsicht die Mutter der Porzellankiste". Hat man Richtung und Ungestüm des Wetters erkannt, dann kann man Segel setzen, wenn man glaubt, mit den noch dahinjagenden Böen fertig zu werden, die meist viel schwächer sind, wie die ersten Vorboten des Regens.

Will man die Zeit bis zum Gewitter nach Möglichkeit aus irgendeinem Grunde ausnutzen und erst im letzten Augenblicke die Segel bergen, so mache man hierzu die Fälle klar, ebenso auch die Riemen, um das Boot auch ohne Segel in der Gewalt zu behalten.

Während des Weitersegelns halte man die Augen gut auf; an aufgewirbelten Staubwolken, am Rauschen der Bäume und auf dem Wasser ist das Nahen der Bö zu erkennen. Ist dieselbe sehr hart, so überkämmen sich schon die ganz kleinen Wellen, die sie aufwühlt. Natürlich muß das Segel unten sein, ehe die Bö da ist; denn es ist nachher ein schweres Ding, das peitschende Segel in das Boot zu bekommen; die Kraft, die es besitzt, ist stärker wie der Unerfahrene glaubt.

Die Vorsegel (Fock und Klüver).

Die Vorsegel gewinnen ein glattes Stehen allein durch gutes Strecken der Fälle und Stage, auf denen sie eventuell gefahren werden.

Die Vorstage müssen stets sehr steif gesetzt sein, während die Wanten eher etwas Spielraum erhalten können. Die Vorstage stützen den Mast und sorgen dadurch auch für richtiges Stehen der Segel bei scharfer Brise, sonst biegt sich der Mast etwas nach hinten im Lee durch, was zwar kaum bemerkbar, aber für den Stand der Segel von außerordentlicher Wichtigkeit ist. Viele Rennen werden durch gutes Aufziehen und Nachsetzen des Tuches in der Fahrt gewonnen.

Falsch ist es, dem Mast einen Hang nach hinten zu geben. Das Großsegel hat dadurch bei leichtem Winde immer das Streben, in das Boot hereinzuschwingen und man sieht dann oft einen Mann raumschots den Baum stützen, um ihn draußen zu halten.

Hat der Mast dagegen einen Hang nach vorn, wenn auch nur wenig, so schwingt das Segel durch die Schwerkraft allein bei leichtester Brise aus und bleibt dort; dies ist gerade für ein Einhandboot von großer Bedeutung für bequemes Segeln. (Siehe z. B. sämtliche Fischerboote der Ostsee.)

Wir wollen nach dieser kleinen Abschweifung auf

die Vorsegel zurückkommen. Man „heißt" die Vorsegel meist in gebundenem Zustande, d. h. sie sind nach dem Vorderliek mit dünnen Bändseln zusammengebunden, nicht etwa gerollt. Dies hat den Zweck, deren unnötiges und gefährliches Schlagen zu verhindern. Wer die Vorsegel zeitlich vor dem Großsegel setzt, hat den Vorteil, daß der Zug des Gewichtes des letzteren dem steifen Setzen der Vorsegel zugute kommt.

Den Stagfockfall streckt man, bis der Stag leicht anfängt lebend zu werden, ebenso auch den Klüver; dann werden die Schoten eingehakt und das Vorsegel mit diesen erst ausgerissen, wenn man loswerfen will.

In den Vorsegeln hat man ein bedeutendes Moment zum Regieren des Bootes, weil sie einen neuen Hebelarm zum Anfassenlassen des Windes geben.

Will man z. B. von einer Boje nach Steuerbord abfallen, so holt man im geeigneten Moment, wenn der Wind gerade von vorn oder von Backbord einfällt, die Backbordfockschote an; das Vorsegel wird dann, wenn die Großschote lebend gehalten wird, das Boot in äußerst kleinem Bogen drehen. Diesen Einfluß der Vorsegel wird jeder bald erkannt haben und zu benutzen verstehen. — Doch wollen wir noch einige Winke über einige Eigentümlichkeiten der Vorsegel geben.

Wie oben schon bemerkt, ist es für das richtige Ausnutzen des Großsegels falsch, die Schote mittschiffs anzuholen, sondern man läßt die Schotenblöcke, um es gut nach Lee niederholen zu können, auf einem oder mehreren Leitwagen fahren.

In erhöhtem Maße ist dies bei den Vorsegeln der Fall; die Blöcke oder Kauschen, durch die die Vorschoten nach hinten geleitet werden, müssen sich ganz außen an der Reling befinden, sonst bildet sich ein Bauch, der das Boot außerordentlich aufhält und nach Lee sacken läßt.

Ebenso darf man auch, was dem Anfänger sehr leicht passiert, die Schoten nicht zu dicht holen, einige

Übung wird auch hier die richtigen Amwindmarken erkennen lassen.

Bei viel Wind steht auf einer Vorsegelschote eines einigermaßen großen Segels ein sehr hoher Druck, so daß man die Schoten nur schwer dicht holen kann. Viele gewiegte Segler sieht man deswegen nach dem Runden einer Boje oder Ecke in solchem Fall einen sogenannten „Aufschießer" in den Wind machen, um die nun lebend schlagenden Schoten genügend dicht zu holen, und dann mit angeholten Schoten zum Kreuzen wieder ein wenig abzufallen.

Vor Wind tut man gut, zur Erhöhung der Fahrt mit einem Bootshaken oder Ruder die Fock auf der dem Großsegel gegenüberliegenden Seite auszubaumen, natürlich lohnt sich das nur für längere gerade Strecken.

Wendet das Boot aus irgendeinem Grunde schlecht, so kann man das Boot in der Wendung durch die Vorsegel unterstützen.

Man schrickt im Moment des in den Winddrehens die Schote des Vorsegels, bei zweien des vorderen, etwas, um sie, wenn die Spitze des Bootes in den Wind zeigt, wieder schnell dicht zu holen, das Segel steht dann „back" und wird das Boot sicher auf den anderen Bug drehen; dann erst wird es auf die richtige Seite übergeholt. Man vermeidet das Manöver solange wie möglich, da es den Fahrgang des Bootes· stört, doch können Wellen und Strömung dazu zwingen.

Gerefft wird das Vorsegel mit Reffbändseln, ähnlich wie das Großsegel. Eine sehr empfehlenswerte Neuerung, die Rollfock, die im Prinzip einem Rouleau sehr ähnlich ist, wird wie dieses zum Verkleinern um eine über den Stag gestreifte Holzrolle aufgewickelt. Beim Reffen muß man daran denken, den Segelschwerpunkt im Boot auszugleichen, zu diesem Zwecke muß der Klüver manchmal weiter rückwärts gesetzt werden, dies geschieht vermittelst des Ausholers auf dem Bugspriet.

Passieren von Hindernissen.

Bei Brücken muß man fast immer die Segel herunternehmen. Wohl dem, der einen kurzen Mast hat, er wird öfters hohe Brücken passieren können, ohne solchen zu legen. Jedoch sei man möglichst vorsichtig in der Schätzung der lichten Brückenhöhe, bei viel Strom unter einem Brückenjoche mit dem Mastknopf hängen zu bleiben, ist eine peinliche Situation; manchmal genügt es, das Boot durch Belasten einer Seite überzulegen, wodurch der Mast tiefer kommt; muß man aber wieder mit Staken und Rudern sich rückwärts konzentrieren, so kann man froh sein, wenn man in belebtem Wasser ohne grobe Rempeleien mit Dampfern und Kähnen davonkommt.

Man passiert solche Engen mit mäßiger Fahrt und „eingelegtem" Bootshaken, damit man Herr des Bootes bleibt. Bei Schleusen muß man immer an das rasche Steigen resp. Fallen des Wassers denken, sonst hakt man, wie dies schon wiederholt geschah, mit der Rudergabel unter einem vorspringenden Stein oder Balken fest, wodurch diese Seite des Boots in Gefahr kommt, beim Steigen des Wassers unten zu bleiben, so daß man vollläuft. Auch belege man beim Bergabschleusen das Boot nicht nach Landrattenweise mit einem Haufen Schlägen und Stichen etwa fest an einem Poller, sonst versucht es beim Fallen des Schleusenniveaus sich aufzuhängen wie Münchhausens Pferd am Kirchturm, als der Schnee schmolz.

Äufseres der Boote.

Ein Boot muß in der Saison stets „fit" aussehen. Jeder Seefahrer repariert, streicht, lackiert und putzt sein Segelschiff sobald nur irgend Zeit und Gelegenheit sich bietet. Ebenso darf man auch dem Segelboote, und sei es die kleinste Jolle, nicht den häufigen Gebrauch ansehen. Dann muß eben Lack- und Farbentopf öfter herausgeholt werden, um die Schrammen und unansehnlichen Stellen des Bootes wieder in neuem Glanze erstrahlen zu lassen.

Ganz abgesehen vom Aussehen trägt dies auch sehr zur Konservierung des Bootes bei. Gerade der Wechsel zwischen Nässe und Austrocknen, dem die durch Abspringen der Farbe ungeschützten Bootsteile ausgesetzt sind, ist es, der solche Stellen des Holzes bald verdirbt, während der Lack oder Anstrich verhindert, daß das Wasser in das Holz eindringt.

Deswegen muß ein Boot absolut dicht sein und darf kein Wasser ziehen, auch wenn es monatelang steht. Man versäume nichts in dieser Beziehung, denn das faulende Wasser im Raum ist den Spanten und unteren Planken sehr schädlich.

Gegen Regengüsse schützt man kleinere Jollen am besten durch ein wasserdichtes Persenning, das über das Boot wie ein Zelt ausgespannt wird. Man binde die unteren Ränder gut fest, damit der Wind nicht darunter faßt und es abstreicht. Boote, die man öfters nachsieht und wo man dann das eingetretene Wasser durch Ausösen entfernt, brauchen dies Persenning nicht, dessen Anschlagen eine mühsame Arbeit ist, da man von außen um das Boot herumgondeln muß, um an die Bändsel heranzukommen.

Kleinere Segel nimmt man aus dem Boot und steckt sie in Segelkästen.

Ist dies nicht möglich, so beschlägt man sie in einem Persenning, holt dasselbe dann am Mast hoch und legt es hinten in eine Gabel, die man ordentlich stützt, damit sie nicht beim Schlingern des Bootes in einer Dampferwelle herausfällt und wegschwemmt.

Als Flaggen pflegen offene Boote nur den an der äußeren Raanock und am Hinterliek genähten Klubstander zu führen. Ist kein Segelklub am Ort oder will man sich als „Wilder" auf dem Wasser vergnügen, so heiße man keine bunten Tücher, wie sie die Buschmänner zum Aufputz lieben, sondern eine in der Größe entsprechende

Nationalflagge, auch eine kleine bescheidene Familienflagge (Stander) (Fig. 27) in ▷ Form; Höhe zu Breite wie 2 : 3 sieht seglermäßig aus und ziert das Boot ohne aufzufallen.

Dem Mast gibt ein Verklicker, Laien nennen es Windfahne, einen malerischen Abschluß, er dient nicht etwa dazu, beim Segeln die Windrichtung anzugeben. Lange Wimpel am Mast sieht man nur auf dem Theater, auf Flußkähnen oder auf Bildern, die von Nichtfachleuten gezeichnet sind, sonst nur auf Kriegsschiffen oder großen Segelschiffen, die von langer Reise in den Heimathafen zurückkehren.

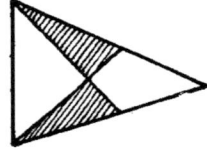

Fig. 27. Stander, Höhe zu Breite wie 2 : 3.

Recht weiße Segel sind der Stolz jedes Seglers, leider läßt sie jede Saison mehr ergrauen und zwar proportional dem häufigen Gebrauch des Bootes. Man vermeide, stark qualmende Dampfer dicht in Lee zu passieren, da der Ruß sich niederschlägt.

Vor Stockflecken hütet man sich durch rechtzeitiges Segeltrocknen. Ist man durch die Umstände gezwungen, das Segel naß ins Persenning packen zu müssen, so mache man sich am nächsten Tage auf die Socken und trockne das Segel, eventuell durch Aufhängen in einem trockenen, regengeschützten Raume.

Berufssegler, wie fast alle Seefischer, die gezwungen sind, mit kleinen, dichten, wetterfesten Segeln, denen sie keine Pflege angedeihen lassen können, zu arbeiten, tannen ihre Segel mit einem Gemisch von Heringslake und roter Erde, mit der sie beide Seiten des Segels anstreichen. Das Segel wird dichter, stockt nicht und hält länger. Wer wie ich, zwölf Jahre lang den ganzen Sommer hindurch täglich zweimal einen See, um nach der Bahn zu kommen, durchqueren mußte, kann dem Segel in der Eile nicht immer die nötige Pflege widmen, da ist denn das Färben ein ganz gutes Auskunftsmittel, obwohl es einem Sportfahrzeug nicht gut ansteht.

Im Winter kann man seine Segel waschen lassen, achte aber auch hierbei auf gutes Trocknen und öfteres Umhängen des Segels. Auch schütze man es vor dem Benagen durch Mäuse, sonst findet man zum großen Erstaunen im Frühjahr ein paar Löcher — natürlich will dann keiner die Schuld tragen!

Daß das Boot peinlich rein gehalten wird, ist selbstverständlich, ein Hereinschleppen von Sand vermeidet man nach Möglichkeit dadurch, daß man immer die Schuhe vorher reinigt.

Zu einer gründlichen Reinigung in der Saison schleppt man das Boot am besten auf. Zwei bis drei kräftige Männer ziehen an einem Scherzeug eine Jolle gewöhnlichen Schlages auf einigen Rollen bequem heraus.

Man zieht den Pfropfen aus dem Boot und spült das Boot rein, streicht es und wirft es, wenn es getrocknet ist, wieder hinein, dabei darf man nicht vergessen, den Pfropfen vorher einzuschlagen. Ein längeres Stehen in greller Sonne ist dem Boote schädlich, da die Planken zusammentrocknen, das Boot zieht nachher Wasser wie ein lange nicht gebrauchtes Waschfaß.

Man stelle es daher in den Schatten oder überdecke es mit einer Leinwand, Dachpappe, Brettern, um die Sonne abzuhalten.

Ein gutes Auskunftsmittel, die Planken schon auf dem Lande wieder dicht zu ziehen, ist, die Planken so dicht wie möglich mit recht nassen, öfter angefeuchteten Leinwandlappen von alten Segeln usw. zu bedecken. Das Boot ist dann dicht, wenn es zu Wasser kommt und man vermeidet das langweilige Ausösen.

Am Schlusse des Buches ist noch ein besonderer Abschnitt der Behandlung über Winter usw. gewidmet.

D. Das Kanoe.

„Die Jacht des armen Mannes" verdient diesen Namen wirklich nicht, denn die Summen, die die Millionäre des fashionabeln Royal-Kanoe-Klubs in England für ein Segelkanoe ausgeben, würden manchem braven Spießbürger die Haare zu Berge stehen lassen.

Glücklicherweise gibt es aber auch billigere und hervorragend brauchbare Fahrzeuge dieser Gattung bis herunter zu den selbstgepappten Papierkanoes, die meistens bald ein seliges Ende finden, wobei sie dem Eigner ein kühles Bad und dem Kanoe einen schlechten Ruf einbringen.

Was ist nun ein Kanoe? Diese Frage zu beantworten ist recht schwer. Vom kleinsten Seelenverkäufer für willensschwache Selbstmörder bis zum mächtig getakelten Segelkanoe ist ein weiter Weg. Ja selbst die kleineren leichten Wulstkieler, z. B. die wunderbar schnelle „Bubble" des genialen amerikanischen Jachtkonstrukteurs Herreshoff, könnte man eigentlich mehr zu den Segelkanoes, wie zu den Jachten zählen. Die leichte Bauart, wie sie diese Boote zeigen, ist gerade das charakteristische der Kanoes, von denen sich „Bubble" bloß durch den festen Wulstkiel unterscheidet.

Nun sind solche kostbaren Kanoes nur für reiche oder doch wenigstens „klotzig wohlhabende" Leute vorhanden. Das Segelgeschirr ist verzwickt und ziemlich schwierig zu handhaben.

Wir wollen hier in diesen Blättern Kanoe und Kanoesegeln beschreiben, wie es in einem nicht zu teuren Fahrzeuge gehandhabt werden kann, das man trotzdem fast bei jedem Wetter herausbringen darf, da es gut segelt und leicht zu rudern ist.

Binnengewässer für Kanoes.

Der Hauptvorzug und der Grund des vielseitigen Gebrauchs von Kanoes ist ihre Verwendbarkeit in fast jedem Gewässer, von der blauenden See bis zum stillen Waldfluß. Wo auch nur ein Fuß tief Wasser zur Ver-

Fig. 28. Segel-Kanoe „Snake".

fügung steht, und eine schmale Kanoebreite, da zwingt sich ein richtiger Tourenkanoeist hindurch. Hört auch dies auf, dann genügt ein Leiterwagen, das Fahrzeug bis an die nächste Wasserader heranzuführen.

Da der Binnendeutsche sich erst neuerdings heimischer auf dem Wasser zu fühlen anfängt, der alte Segler von der Wasserkante sich aber lieber auf seinen drängenden Wogen als im Binnengewässer herumtreibt, so wird das

Kanoesegeln im Binnenlande erst langsam ausgedehnter, während vor Jahrzehnten schon Engländer unsere heimischen Ströme und Seen durchfurchten, diese beschrieben und skizzierten.

Unsere schönsten Kanoereviere sind die Mecklenburger und Masurischen Seen. Erstere sind schon bekannter und alljährlich Ziel für eifrige Wassertouristen geworden.

Meister Protzen in seinem idyllischen Logbuch gibt uns ein anschauliches Bild dieser Gewässer und ihrer Befahrbarkeit.

Die Masurischen Seen, in wassersportlichen Kreisen wenig bekannt, geben Raum genug, sich einen ganzen Sommer hindurch im abwechslungsreichsten Gewässer herumzutreiben.

Viele scheuen sich vor der umständlichen Reise, jedoch geht die Bahn bis Lötzen, wo man das Boot vom Waggon direkt ins Wasser laden kann.

Da man dann schon auf dem herrlichen Löwentinsee schwimmt, braucht man nur Segel zu setzen und es kann losgehen.

Im Norden von Lötzen liegt der kolossale Mauersee mit zahlreichen Inseln, von denen die von alten Buchen bestandene Insel Upalten durch ihre Reize weithin bekannt ist. Nach Süden zieht sich eine breite Seenkette, die Taltergewässer, bis an den Spirding heran, dann setzt sich dieselbe, nach allen Richtungen Ausläufer sendend, fort bis Johannisburg, nicht weit von der russischen Grenze.

Auf diesen Gewässern sieht man nur die Möwe und den Seeadler. Allwöchentlich stöhnt mal ein alter Schraubendämpfling mit einigen Ausflüglern durch die azurblaue Flut, dann ist wieder alles einsam.

Sonst ist kein Segel zu sehen, trotzdem bei der hohen Lage der Seen fast stets eine herrliche Vollzeugbrise die Schaumköpfe dahinjagt. Nur selten habe ich solche

Flaute erlebt, wie sie der Hochsommer leider nur zu oft auf den märkischen Gewässern mit sich bringt.

Auf Spirding und Mauersee steht bei Wind eine achtbare Welle, so daß man sein Ölzeug braucht.

Ein Vorzug oder Mangel, wie man es nehmen will, ist das gänzliche Fehlen jeder Kultur. Man kann ein richtiges camping out führen, ohne von neugierigen Ausflüglern bestaunt zu werden. Dafür muß man sich immer gut verproviantieren. Angerburg, Lötzen, Nikolaiken und eine kleine herrlich gelegene ostpreußische Sommerfrische Rudcanny sind die einzigen „Ansegelungspunkte". Schwarzbefrackte Oberkellner sind aber auch dort immer noch glücklicherweise eine Rarität.

Es empfiehlt sich deswegen, sich auch in bezug auf etwaige Reserveteile des Bootsgeschirrs vorzusehen, da dort jedes Sportfahrzeug, also auch jede Werft und Kaufgelegenheit, mangelt und nirgends Ersatz für gebrochenes zu erhalten ist.

Hoffentlich ermutigen diese Zeilen bald einmal einige naturliebende Segler, sich auf den landschaftlich wie seglerisch gleich verlockenden masurischen Gewässern zu tummeln.

In dem masurischen Seengebiet ist die der nahen Grenze wegen häufig revidierte Generalstabskarte ein getreuer Führer; ich sage dies, weil manchmal in bezug auf Schleusen und Molenbau die älteren Generalstabskarten nicht immer genau sind.

Solche Gegenden sind eigentlich nur für Kanoeisten zugänglich, ein schiffbarer Kanal (dessen Projekt übrigens in Vorbereitung ist) führt nicht hin, und eine Jacht läßt sich nur schwer auf die Bahn verladen, und wer will auch schließlich das Risiko eines Hin- und Rücktransportes des schweren Bootes wagen, bloß um einen Sommer auf den Seen zu kreuzen.

Beim Kanoe genügen ein paar kräftige Männer, es zu verladen und wieder flott zu machen; rasch kann es seine weißen Schwingen entfalten.

Natürlich bieten alle unsere Ströme fast von der Quelle bis zur Mündung ein herrliches Kanoewasser. Doch muß man in deren Oberlauf, der Stauwehre wegen, oft kleine Landpartien machen. Deshalb orientiere man sich vorher möglichst gründlich.

Beschaffung.

Bei dem Kanoe einen Ankaufspreis anzugeben, ist bei der verschiedenen Größe und Ausstattung vollkommen ausgeschlossen, denn wer hätte in seiner Jugendzeit, wenn solche am Wasser verlebt wurde, nicht versucht, ein Kanoe zu bauen, als das Taschengeld noch auf einem Minimum stand, und die ganzen Zutaten nicht mehr als 3 Mark kosten durften.

Anderseits besehe man sich einmal ein englisches Rennsegelkanoe mit seinen seidenen Segeln, patentierten Reffvorrichtungen, zu denen eine Unzahl von Strippen gehört, so daß man eine Fingerfertigkeit wie ein Klaviervirtuose sich aneignen muß, um nur einigermaßen damit zurecht zu kommen. Außerdem soll man noch die Fußsteuerung, Senkruder, Metallfächerschwerter usw. leicht und schnell bedienen, so daß, um dieses alles auch nur einigermaßen gut zu vollbringen, eine wahrhafte Virtuosität anerzogen werden muß.

Zu allen diesen verzwickten Sachen gehört auch noch der feste Ballast, den wir ganz fortlassen wollen, denn mit einem unbeschreiblich gemütlicheren, ja ich habe auch gefunden sicherem Gefühle segelt man, wenn man weiß, daß der einzige Ballast, der sich im Boot befindet, aus Lebenden besteht, d. h. der Führer selbst nur als Ballast dient.

Ich kenne aus längerer Erfahrung das Gefühl leider zu gut, das einen beschleicht, wenn das Bootchen sich so auf Lee legt, daß es trotz aller Anstrengungen, die Luvkante zu erreichen, sich nicht mehr aufrichtet, sondern mit einem seufzerartigen Laute, der durch das Hereinströmen des Wassers verursacht wird, den Fluten immer näher rückt, bis das Kanoe ganz von der Oberfläche verschwunden ist und man selbst bis zum Halse im Wasser sitzt. Sollte man in diese, für einen Segler allerdings traurige Lage kommen, so ist es am besten, das Boot nicht zu verlassen. Da es keinen Ballast hat, bleibt es flach auf dem Wasser liegen, d. h. die Segel liegen platt auf dem Wasser.

Man versuche bei solchem Ereignisse das Segel an der oberen Raa auszuhaken. Wenn dies wegen zu strammen Stehens des Falls nicht gelingt, werfe man diesen los und ziehe das Segel ans Boot heran. Sowie das Boot abgetakelt ist, wird es durch einen kleinen Druck auf das Schwert sofort aufstehen. Wenn es nun auch voll Wasser ist, setze man sich trotzdem ins Boot und paddele langsam an Land; oder sollte das Ufer zu weit entfernt sein, so drehe man das Kanoe Kiel oben und setze sich wie ein Reiter auf den Kiel des Kanoes und warte so lange, bis Hilfe kommt. Auf alle Fälle ist das Verlassen des Bootes durchaus zu vermeiden! Wenn nur irgend angängig, halte man sich stets am Boote auch im Seegange, denn selbst geübte Schwimmer haben bei dem Versuche, das Boot zu verlassen, ihr Leben eingebüßt, während die des Schwimmens Unkundigen, die sich am Boote gehalten haben, gerettet worden sind.

Einrichtung und Ausrüstung des Segelkanoes.

Jeder, der sich ein Kanoe anschafft, tut dies wohl in dem Gedanken, damit weitere Touren zu unternehmen; denn zu den kleineren Zwecken, etwa auf den in der Nähe befindlichen Seen Segelstudien zu machen, eignet sich eine Segeljolle ganz bedeutend besser als das Kanoe.

Um ein gemütliches Reisefahrzeug zu erhalten, sind zwei Hauptdinge zu beachten: 1. genügender Schlafraum und 2. Räume zur trockenen Verpackung der mitzunehmenden Vorräte.

Zum Verstauen von Sachen, die nicht während der

Fahrt gebraucht werden, dienen die vom Deck durch eine Klappe zugänglichen, etwa 1 m langen wasserdichten Schotten.

Die Klappe wird mit Hilfe eines Gummiringes und einer Schraube so fest angezogen, daß das Eindringen von Wasser unmöglich gemacht wird.

Dicht an das Schott schließt sich das Cockpit an, das bei Nacht mit einem Persenning überzogen, einen vorzüglichen Schlafraum abgibt.

Der vordere Raum des Bootes wird durch den Schwertkasten in zwei kastenartige Teile geteilt, die durch zwei Klappen vom Deck aus zugänglich sind. Das in der Mitte befindliche Schwert bietet dabei noch den Vorteil, daß die Vorräte, die wie Ballast wirken,

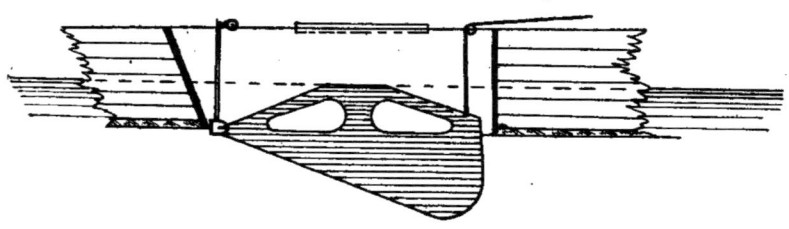

Fig. 29. Trewdenschwert.

durch die Querwand verhindert werden, bei heftigem Überliegen zu rollen oder sich gar nach einer Seite zusammenzuschieben, wodurch die Gefahr des Kenterns bekanntlich sehr erhöht wird.

Um die Sicherheit des Nichtsinkens des Kanoes zu erhöhen, kann man vorn am Steven sich noch ein etwa 0,5 m langes „Kollisionsschott" abgrenzen lassen, was beim Auf — Grund — kommen oder unvorsichtigen Anfahren gegen Land oft gute Dienste leisten wird.

Das Schwert ist aus Stahlblech hergestellt, so daß es, wenn heruntergelassen, dem Kanoe schon etwas Steifheit verleiht.

Ein für den Kanoeisten besonders brauchbares und wertvolles Schwert ist das von einem Engländer erfundene

Trewdenschwert (Fig. 29), das man bei dem Transport, oder wenn man das Kanoe auf Land ziehen will, herausnehmen kann, so daß das Kanoe sehr erleichtert wird und man außerdem vollkommen sicher ist, daß dem Schwert auf der Reise nichts passieren kann.

Die Konstruktion besteht im wesentlichen aus einer oben mit Handgriff versehenen Metallröhre, die vom Deck aus durch den Schwertkasten hindurch bis auf den im Kiel befindlichen Schlitz für das Schwert hinunterreicht. Am unteren Ende dieser Röhre ist eine flache Klammer angebracht, zwischen deren offenen Armen das Schwert mittels eines Bolzens befestigt ist.

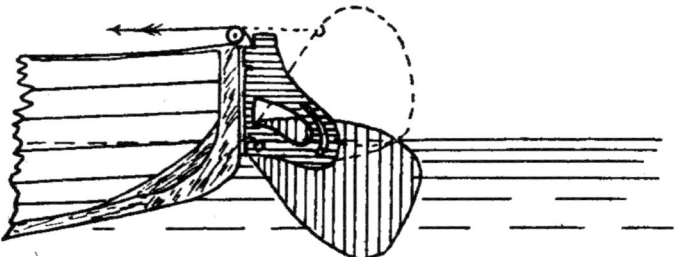

Fig. 30. Kanoesteuer: Senkruder.

Röhre sowie Klammer werden durch einen horizontal durch den Kiel gehenden Bolzen in der richtigen Stellung über dem Schlitz des Kieles gehalten. Zum bequemeren Handhaben sind zwei Öffnungen in das Schwert geschnitten (vergl. Fig. 29).

Das Steuer ist am besten als Senkruder eingerichtet (Fig. 30), denn durch die Möglichkeit, seinem Ruderblatt jede beliebige Größe zu geben, ist es dem Segler ermöglicht, den Lateralplan des Kanoes beliebig zu verändern, was bei der Länge des Kanoes und dessen geringem Tiefgange von hohem Wert ist.

Vor dem Winde, sowie überhaupt bei achterlichem Winde kann man das Senkruder aufholen, womit man eine bedeutend erhöhte Geschwindigkeit, verbunden mit angenehmem, ruhigem Gang des Kanoes, erzielt.

Außerdem besitzt dies Senkruder noch eine andere Eigenschaft, durch die es sich die meisten Freunde erworben hat. Beim Segeln im Seegang kommt es bekanntlich sehr häufig vor, daß das Kanoe mit dem Vor- und Achtersteven ganz aus dem Wasser gehoben wird, so daß das Ruder vollkommen in freier Luft schwebt, womit seine Wirkung natürlich vollkommen aufgehoben ist; währenddessen wird das Kanoe durch den nach vorn verlegten Lateralschwerpunkt sofort in den Wind drehen und seine Fahrt verlieren, wodurch der Kanoeist in eine sehr unangenehme Lage gerät.

Eine in solchem Augenblicke heftig einsetzende Bö wird wohl in den meisten Fällen dem Segler Gelegen-

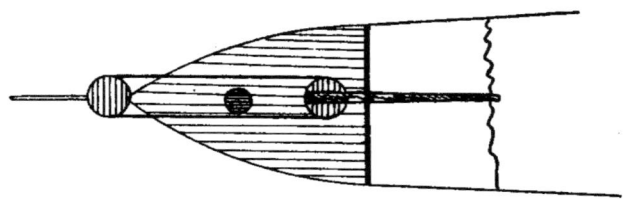

Fig. 31. Kanoesteuer. Ansicht von oben.

heit geben, zu prüfen, ob seine Schotten dicht genug sind, das gekenterte Kanoe zu tragen.

Dagegen wird das mit einem Senkruder bewaffnete Kanoe solchen Intermezzos nicht so leicht ausgesetzt, denn wenn das Kanoe auch mit dem Achterschiff vollkommen wasserfrei ist, so behält man doch durch das sich noch im Wasser befindende Senkruder noch genügend Steuerfähigkeit.

Die Steuerpinne, die sich beim Kanoe selten direkt an dem Steuer befindet, ist meistens mehr durch dünne Drahtseile oder kleine Ketten über Deck laufend auf die Pinne übertragen worden, die am besten dicht hinter dem Besanmast am Deck befestigt ist.

Das Äufsere des Kanoes.

Herrschender Gebrauch ist, das Kanoe in Naturfarbe zu halten, d. h. nur mit Firnis, welcher mit Lack überzogen ist, anzustreichen; dieses hat zwei Vorteile: Da das Boot sehr empfindlich gegen unzarte Behandlung ist, werden die Leute durch sorgfältige Lackierung zu größerer Sorgfalt und Vorsicht der Behandlung angehalten. Ferner wird dem Boote bei jeder Indienststellung ein neuer Labetrunk von Firnis zuteil. Während bei dem Farbanstrich über die alte Farbe meist einfach hinübergestrichen wird, wird bei dem Lackieren die durch den Gebrauch und das Winterlager schmutzig gewordene Firnislage durch eine Waschung mit Lauge oder Soda, in warmem (jedoch nicht heißem) Wasser aufgelöst und neuer Firnis aufgetan.

Erst wenn das Holz wieder vollkommen getrocknet ist, bringt man mittels breiten Pinsels den Lack auf. Man benutzt dazu den vorzüglichsten Bootslack. Bis vor kurzem hatten wir nur englischen als wirklich brauchbaren Anstrich, doch haben sich einige deutsche Firmen damit befaßt (siehe Inseratenanhang), ebenfalls ein ganz vorzügliches Material zu liefern. Jedoch hüte man sich vor minderwertigen Nachahmungen, welche im Wasser bläulich anlaufen und sehr schnell ihre Schönheit verlieren, welche darin besteht, daß der Lack dem Boote das vornehme glänzende Äußere gibt. Hier ist billig und schlecht meist identisch!

Bauausführung.

Da bei der anscheinend so leichten Herstellung eines Kanoes die Aufträge zu deren Bau oft Handwerkern und Laien übergeben werden, denen die rechte (oft sogar jede) Kenntnis im Bootbau fehlt, so werden hier oft sogar schon in der Wahl des Holzes usw. große Mißgriffe gemacht. Um solchen Mißständen etwas abzuhelfen, möchten wir einige kurze Anleitungen geben:

In der Wahl des Materials kommt nur Holz in Betracht, denn alle Versuche mit Metall haben immer noch keinen zufriedenstellenden Erfolg ergeben.

Am häufigsten kommt gewöhnliches helles Zedernholz für Planken zur Verwendung, das dem Boote ein herrliches Aussehen verleiht, das mit einer großen Haltbarkeit und Leichtigkeit verbunden ist.

Der Kiel wird am besten aus Eichenholz, der Vorder- und Hintersteven aus natürlich gekrümmtem Holze hergestellt. Vor dem Ausschneiden aus geradem Holze kann nicht genug gewarnt werden, da keine Stelle so stark durch Nägel und Schrauben in Anspruch genommen wird wie gerade diese beiden.

Klinker und Klinker-Karveel sind die am häufigsten verwendeten Baumethoden. Der Klinkerbau, bei dem die Planken ineinander übergreifen, hat sich wohl am meisten eingebürgert, denn diese Konstruktion vereinigt Dauerhaftigkeit, Leichtigkeit und Haltbarkeit. Außerdem hat er den großen Vorteil, daß sich dessen Herstellung billiger stellt als andere Arten, wie z. B. Klinker-Karveel.

Einen großen Fehler findet man häufig beim Kanoe: dem Rumpf zu wenig Spanten zu geben, so daß die Planken, welche eine tadellose glatte und schön verlaufende Außenhaut bilden sollen, durch längeren Gebrauch ein eckiges Aussehen bekommen, wodurch nicht nur das Ansehen, sondern auch die Schnelligkeit des Bootes ganz bedeutend verliert.

Klinker-Karveel wird nur selten gebaut. Hier in Deutschland haben wir noch nie Gelegenheit gehabt, ein solches zu sehen, während es in England viele Kanoes dieser Bauart gibt. Der Klinker-Karveelbau gibt dem Boote eine sehr schöne glatte Außenhaut, treffliche Dichtigkeit und daher gute Trockenheit im Gebrauch, ist aber die teuerste Bauausführung.

Für alle inneren Einbauten nehme man das sich so vorzüglich bewährende und standfeste Eichenholz.

Als Befestigungsmittel gibt es drei verschiedene Sorten: Nägel, Nieten, Schrauben, alle natürlich aus

Kupfer oder ähnlichem Material hergestellt, welches jedes Rosten von vornherein ausschließt. Nägel können sehr leicht durch einen plötzlichen Stoß aus ihrer Lage gelöst werden, so daß das Boot leck wird oder doch mindestens an seinem inneren Halte verliert.

Nieten sind besser und dementsprechend teuer; doch kann man sie nicht überall anbringen, z. B. nicht an den Plankenenden, dem Steven usw.

Zur eigenen Ausbesserung des Bootes sind Nieten auch wenig geeignet, weil man bei der Niete von innen und außen an das Boot herankommen muß, um Reparaturen vorzunehmen. Man muß dann mit größter Vorsicht ans Werk gehen, damit der Beplankung kein Leid geschehe.

Alle diese Mängel haften der Schraube nicht an, denn sie kann leicht auch von dem Laien erneuert werden, was auf Touren von unschätzbarer Wichtigkeit ist. Allerdings steigt der Preis des Kanoes bei der Verwendung der Schrauben als Befestigungsmittel nicht unbedeutend.

Jedes Segelkanoe muß, um den Kurs halten zu können, natürlich mit einem Schwerte versehen sein. Am bewährtesten sind Metallschwerter, weil sie sehr gut als Ballast wirken und lange nicht in dem Grade die Geschwindigkeit behindern wie Holzschwerter. Wir haben über die Konstruktion schon oben des weiteren gesprochen.

Das Schwert beim Kanoe ist annähernd in der Mitte der Längsrichtung des Bootes anzubringen, jedoch hindert es hier sehr die Bequemlichkeit und Bewegung im Cockpit.

Um diesen Mißständen abzuhelfen, zerlegt man das Schwert, indem man ein Stück beim Steuer als Senkruder benutzt und nun das eigentliche Schwert mehr nach vorn verlegen kann (s. Fig. 30).

Als Holz zum Paddel wird fast durchweg Weißtanne verwendet; das Paddel ist so einzurichten, daß man es zerlegen kann, um es beim Segeln leichter verstauen zu können.

Als Segelstoff nehme man ungebleichten Nessel oder rohen Kattun; gebleichte Stoffe sind möglichst zu vermeiden, denn wenn letztere einmal ordentlich naß geworden sind, verziehen sie sich, und das gute Stehen der Segel, auf dem die ganze Segelkunst sich gründet, ist vorüber.

Als Spierenmaterial gibt uns der Bambus einen ganz vorzüglichen Stoff, denn er hat ein nettes, sauberes Aussehen und eine nicht zu unterschätzende Leichtigkeit.

Bei allen Touren mit dem Kanoe ist vor allem auf peinlichste Reinlichkeit zu sehen; sofort nach dem Gebrauch ist das Kanoe außen und innen ordentlich mit einem Schwamm und Lappen auszuwaschen. Um das Wasser leicht aus dem Boot herauszubekommen, ist es ratsam, in der Mitte des Decks ein Loch anzubringen, durch welches das Wasser auslaufen kann, wenn man das Kanoe umdreht.

Der Standplatz des Kanoes paßt sich den Umständen an, er richtet sich ganz nach der Örtlichkeit, jedenfalls muß man es, wenn nicht in Gebrauch, **stets unter Dach und Fach wetterfest unterbringen**, und wenn es nur ein Bretterschuppen ist, denn der abwechselnde Regen und Sonnenschein lassen das Kanoe bald leck und unbrauchbar werden, und zwar desto eher, je besser und feiner das Material und der Bau des Bootes sind. Am besten ist es, wenn man seinem Bootchen von oben ein Persenning überdeckt, welches von hinten bis vorn das ganze Deck überspannt und so allen etwa herumwirbelnden Staub und Schmutz abhält.

Kanoefahren.

Unser kleines Gefährt befindet sich nunmehr ruhig und ungefährlich gegen jede äußeren Schäden geschützt im Schuppen. Wir wollen eine kleine Ausfahrt unternehmen, um uns mit dem Neuling bekannt und vertrauter zu machen. Um jede Segelversuchung bei den ersten Übungen gleich von vornherein auszuschließen, ist es gut, man lasse Segel, Mast und das herausgenommene Schwert im Bootsschuppen.

Nur das Paddel, die Rückenlehne und das Steuerruder legen wir bereit. Mit Hilfe eines Kameraden — wenn irgend angängig, tue man es nie allein — setzt man das Kanoe zu Wasser, und zwar fassen die beiden an den Enden oder an beiden Seiten an dem Schwerpunkt des Bootchens im Cockpit an. Vorsichtig wird das Boot nun zu Wasser gesetzt und zwar mit dem Steuerruder voran. Hierbei ist zu beachten, daß das Einschieben nicht zu schnell geschieht, weil das Steuer sonst durch den zu starken Wasserdruck einer Überdrehung leicht ausgesetzt ist. Daher achte man darauf, daß das Steuer durch die Steuerleinen stramm gezogen wird, so daß es beim Einsetzen gerade steht.

Der helfende Kamerad fasse nun seitlich am Cockpitrand das Kanoe fest, während man selbst mit einem Fuß auf den Boden in die Mitte des Kanoes tritt, um dann den anderen nachzuziehen und sich, mit dem Gesicht nach vorn, vorsichtig hinzusetzen. Nun ergreife man das Paddel und versuche seine Übungen, indem erst das eine Ende des Paddels und dann das andere zu Wasser gebracht wird.

Nach einiger Übung wird man genügende Sicherheit haben, um seine ersten Segelversuche anstellen zu können, wobei man sich vorsichtigerweise einen schönen Tag, leichte Kleidung und einen menschenleeren Ort wählt. Hierbei rate ich, das Kanoe erst einige Male fix und fertig auf dem Lande auf- und abzutakeln, um in der Handhabung dieser Operation sicher zu sein. Erst wenn dieses genügend geübt ist, bringe man das Boot zu Wasser und versuche nun im schwankenden Boote, und zwar auch hier zunächst, wenn das Kanoe noch nicht weit vom Ufer entfernt ist, die Segel zu setzen.

Die kurzen Bewegungen und Schwankungen, die

das Kanoe gern macht, kommen einem anfänglich in der Tat recht unbehaglich vor, selbst wenn man vorher bereits viel in anderen Booten gesegelt hat. Ehe man dieses Gefühl nicht ganz verloren hat, ist man auch mit seinem Boote noch nicht genügend vertraut, um bei allem Wetter hinauszugehen.

Doch „wer nicht wagt, auch nicht gewinnt!" Daher steige man mit frischem Mute hinein ins Boot, takele auf und versuche sein Heil, denn ohne einige Reinfälle, bei denen man nur lernen kann und mit seinem Boote vertrauter wird, wird wohl niemand das kecke Kanoesegeln erlernen.

Fig. 32. Kanoe am Wind.

Ist der Wind so stark, daß das Kanoe sich auf die Seite zu legen beginnt, versuche man langsam durch den Körper das Gegengewicht wiederherzustellen, bis man dieses so eingeübt hat, daß man ungeniert sich auf die Luvkante setzen und durch Ausbalancieren mit dem Körper alle kommenden Böen abfangen kann.

Hat man es so weit „geschafft", so beginnt erst das eigentliche Kanoesegeln mit allen seinen wundervollen Reizen. Nun ist nur noch eine Reiseausrüstung nötig, um sich mit vollem Genuß dem so herrlichen Sporte zuzuwenden.

Vor allen Dingen nehme man so wenig wie möglich mit; denn jeder auch nur einigermaßen entbehrliche

Gegenstand ist einem später sehr oft im Wege und gibt während der ganzen Reise Anlaß zum Ärger.

Eine ungefähre Angabe über mitzunehmende Sachen, welche ich mit der Zeit als notwendig gefunden habe, ist:

Ein kleines Zelt, welches sehr gute Dienste beim Übernachten im Boote oder auf dem Lande leisten wird; eine wollene Decke, welche am Tage als Sitz, bei Nacht zum Zudecken benutzt wird.

Alle anderen Stoffsachen verstaue man in wasserdichte Stoffsäcke, welche gut zugeschnürt werden können.

E. Das Segeln im Kanoe.

Im Kanoe auf See.

Doch nicht nur auf grünen Waldseen wird der erfahrene Kanoesegler seine weißen Schwingen entfalten, er scheut auch die hohe See mit seinem so fragil erscheinenden Fahrzeug nicht, das wie eine Möwe über die Wellen hintanzt.

Aus meinen Erfahrungen kann ich selber über die Leistungsfähigkeit des Kanoes in Wind und Welle auf See ein Loblied singen.

Die erste Arbeit, die man zu einer mehrtägigen Seefahrt zu leisten hat, ist die Vorbereitung, die man kaum sorgsam genug treffen kann. Man lege sich eine vollständige Liste der mitzuführenden Sachen an, aber überlege sich auch genau, wie man diese in dem engen kleinen Fahrzeuge verstaut, da während der Fahrt ein langes Suchen einfach ausgeschlossen ist. Man muß alles mit einem Griff erreichen können, was man unterwegs gebraucht, wie ich solches auf meinen Touren mehrmals erprobte. Statt aller theoretischen Auseinandersetzungen werden wir die Erlebnisse bei einer Kanoefahrt schildern, da sie fast alle Vorkehrungen berührten, auf die ein Kanoesegler achten muß.

Wie praktisch es ist, die Sachen, die man während der Fahrt braucht, dicht bei der Hand zu haben, zeigt folgendes Beispiel: Im Jahre 1897, als ich mit einem Freunde eine solche Seereise unternahm, hatten wir uns u. a. mit vorzüglichen Karten, auch Seekarten, versehen, die die Riffe, Untiefen, Leuchtfeuer, Bojen usw. genau erkennen ließen, jedoch diese Karten ungeschickt verstaut.

Bei Mondnacht eine Brise von Backbord.

Wir fuhren um 4 Uhr nachmittags in Stettin die Oder abwärts auf das Haff los und gedachten in Ziegenort, am Eingange des Haffs, zu übernachten. Ich hatte die Generalstabskarte, die durch ihre Vorzüglichkeit mit Recht weltberühmt ist, neben mir auf dem Steuersitz ausgebreitet. Doch was nützt einem Segler in breiten Wassern die beste Karte, wenn keine Feuerzeichen darauf verzeichnet sind.

Mit Mondaufgang erhielten wir eine Brise von Backbord, so daß wir beschlossen, bei Nacht über das Haff zu segeln. Zu den Seekarten, welche wir tadellos vor jeder Nässe geschützt verstaut hatten, nämlich vor dem vorderen Mast in einer Luke, konnten wir leider während der Fahrt nicht mehr gelangen, daher hieß es munter nach der Generalstabskarte ins Blaue hineinsegeln. Wohl 2 Stunden flogen wir in dieser Weise bei dem herrlichsten Mondschein dahin, während mein Kamerad schlummerte und schnarchte, als wenn er zu Hause auf dem Divan läge. Da ich nicht im klaren war, wo an der Paulsdorfer Bucht die Einfahrt von Wollin sei, weckte ich meinen Gefährten. Er holte das Fernrohr heraus, während ich die durch eine Laterne beleuchtete Karte und den Kompaß betrachtete, und übernahm das „look out", nach den die Einfahrt markierenden Lichtern äugend.

Bald hatte er auch zwei Feuer entdeckt, die zwar nach meinem Kompaß etwas zu sehr nach Steuerbord lagen. Da ich mich ja auch geirrt haben konnte, so blieb uns nichts übrig, als im hohen Rate zu beschließen, **nur feste darauflos zu halten!** Es dauerte aber nicht lange, so erfolgte das bekannte Knirschen, und wir saßen schon mit den Schwertern fest im Sande, während die Lichter immer noch 2 km von uns entfernt landeinwärts glänzten! Was nun? Wir mußten an Land!

Mein Kamerad zog sich seine hohen Wasserstiefel an, zog das Boot, so weit es ging, auf den Sand und trug mich dann auf seinem Rücken ganz aufs Trockene. Wir holten nun die Seekarte nach einigen mißglückten

Tauchversuchen in die verschiedenen Kästen glücklich aus der vorderen Luke heraus.

Ein Blick gab uns sofort Aufklärung, daß es zwei Leuchtbaaken waren, welche weit hinten bei Paulsdorf auf dem Lande standen, so daß wir mit dem besten Willen sie nicht ansegeln konnten.

Es wurde daher beschlossen, wieder in die „See zu stechen". Doch beim Einsteigen fiel ich ohne jeden Grund auf der anderen Seite des Kanoes wieder hinaus und konnte nun im Wasser stehend mir die Sachlage noch einmal ruhig beschauen. Glücklicherweise war es flach, so daß ich nur die Kleider zu wechseln brauchte, um dann weiter zu gondeln.

Bei Wollin dann stärkten wir uns mit einem sehr komplizierten Déjeuner — man staune! — mit Kakao, Bouillon, Oxtail-Suppe mit 93er Mosel, Irish stew, mit ff. Salami und Kognak; dazu hatte mein Kamerad, während ich kochte, durch ein Kellerfenster frische Semmeln erstanden, die direkt aus dem Backofen gekommen waren.

Gegen 3 Uhr morgens kamen wir in Wollin an; es wurde gelandet, um uns nach der anstrengenden Nachttour zu stärken.

Wir hatten Konserven allerart mit, doch machten wir dabei schon die zweite Erfahrung, daß es rätlich sei, möglichst einfache Sachen zu wählen, wie Rindfleisch, Bouillon, Kartoffeln usw., da der Magen sich weniger nach Delikatessen, Taubenpasteten usw. sehnt, als nach etwas Kräftigem, Reellem. Eier sind sehr angenehm, leider aber recht zerbrechliche Ware; Bouillonkapseln mit Ei schmecken zu jeder Tageszeit vorzüglich.

Was, wann und wie er seine Mahlzeiten abhält, muß dem echten Tourensegler vollständig gleichgültig sein.

Wir fuhren nach dieser lukullischen Schwelgerei an diesem Tage noch weiter bis Ost-Dievenow, wo wir uns zu einem mehrstündigen Dauerschlaf umlegten, während alle Sachen zum Trocknen aufgehangen waren.

Am nächsten Tage auf offener See, begleitet von mehreren Vergnügungsseglern, denen wir bald außer Sicht liefen, hielten wir nach Heringsdorf Kurs.

Es war eine leichte achterliche Brise, so daß wir eine herrliche Fahrt machten.

Besan und Fock hatte ich während meiner ganzen Tour, außer bei einer Gewitterbö, stets festgeklemmt; doch konnte ich alle Schoten von meinem Steuersitze aus bedienen. (Die Schotenklemmer s. Fig. 33.)

Wenn wir bei brandender See am flachen Strande landen mußten, sprangen wir auf Kommando genau à tempo, sobald wir die letzte Welle zu nehmen hatten, aus dem Boote bis an die Hüften ins Wasser und fingen, jeder auf einer Seite stehend, das Bootchen auf, um es dann gleich mit Hilfe der Welle aufs Land zu ziehen.

Fig. 33. Schotenklemmer.

Die Segel wurden stehen gelassen, da wir gleich weiter gondeln wollten; nur die Dirk wurde angeholt, sonst wurde das auf dem Sande stehende Boot seinem Schicksale überlassen.

Doch der herrliche Wind drängte zu sehr, so daß wir nach einem kurzen Labetrunk gleich wieder das nasse Element aufsuchten.

Zur nächsten Nacht wollten wir ein „camping out" versuchen; daher wurde alles klar zum Gefecht gemacht und mit voller Kraft nach dem Strande zu gehalten! Wie früher wurde die Brandung im Sprunge genommen, und eine Sekunde später befanden wir uns wohlgemut auf der flachen sandigen Küste bei Zinnowitz. Unser Fahrzeug wurde wieder aufs Trockene gesetzt und abgetakelt.

Da sowohl wir beide, als auch die im Cockpit befindlichen Sachen ganz durchnäßt waren, wurde alles ausgepackt und auf der Düne malerisch gruppiert. Nach kurzer Zeit prasselte ein lustiges Holzfeuer, das unseren

Gliedern, denen wir schon von innen einigermaßen aufgeholfen hatten, auch von außen die nötige Wärme erteilte.

Nachdem trockene Kleidung angelegt war und unser Appetit, sowie der unendlich scheinende Durst gestillt waren, wurde mit aller Kraft an die Fertigstellung des Nachtlagers gegangen.

Zur Unterlage hatten wir den feinen Streusand, als Zudecke eine notdürftig am Feuer getrocknete wollene Decke, das Ölzeug nebst Südwester vervollständigten das Nachtlager.

Am nächsten Morgen war die Brandung bedeutend höher geworden und erschwerte uns daher das In-Seegehen außerordentlich.

Wir waren daher gezwungen, unser Cockpit mit einem Persenning von vorn bis achtern wasserdicht abzuschließen. Dann schoben wir das kleine, fertig getakelte Boot, jeder auf einer Seite gehend, der ersten Welle entgegen. Die Brandungswelle faßte die Spitze des Bootes und hob sie so hoch, daß wir sie kaum noch halten konnten, während der Achtersteven tief in das Wellental versank, wobei wir beide bis über den Rumpf im Wasser standen.

Ich sah meinen etwas korpulenten Kameraden nicht mehr und dachte schon, die große Welle hätte ihn wieder mit ans Land gerissen, als er gleich darauf feucht-fröhlich wieder auftauchte. Unterdessen hatte sich der Bug gesenkt; die zweite Welle rollte, die Raa des Großsegels berührend, über das ganze Boot hinweg, so daß wir beide befürchteten, es würde am Grunde zerschellen; aber im nächsten Augenblicke tauchte es gleich einem Pfropfen wieder empor. Schnell zogen wir es einige Schritte weiter in die See, wo die Brandung nicht mehr wirkte und nur noch die starke Dünung das Boot stampfen ließ.

Bis an die Hüften im Wasser stehend, wurde das Persenning gelöst.

Ich schwang mich zuerst hinein, da ich die Steuerung sowie die Schoten in Ordnung bringen mußte, während mein Freund gleich einem festgerammten Pfahle im Wasser stand und dem Boote als Anker diente.

Ich holte nun die Fockschot an, um das Boot aus dem Winde zu drehen, wobei mein Freund mit einem kurzen Schwunge, während das Boot schon Fahrt machte, sich in gewandter Weise in das etwas sehr eng geratene Cockpit schwang.

Nun schossen wir mit Vollzeug bei sehr starkem Achterwinde an der Küste entlang. Die Dünung war höher als unser Besanmast, und wenn wir uns in dem Tal befanden, vermochten wir nicht über den Wellenberg hinweg die Küste zu erkennen.

Ich fand wieder, daß ein Kanoe bei hoher langer See sich bedeutend angenehmer und ruhiger benimmt, wie im Binnenwasser; doch dürfen keine Brecher laufen, da gegen ihre überrollende Gewalt mit einem kleinen Boote nichts zu machen ist.

Am letzten Tage, nahe der Greifswalder Bucht, hatten wir den gefährlichsten Teil unserer Reise zu bestehen. Es wehte ein heftiger Westwind, so daß wir zum Kreuzen gezwungen waren; leider konnten wir uns auf dem flachen Schar nicht halten, weil es mit großen Steinen besäet war.

Wir hatten das Cockpit mit dem wasserdichten Persenning immer fest verschlossen und nur an den Stellen losgeknöpft, an denen wir saßen. Obenauf hatten wir die Korkweste eingeklemmt, so daß sie immer fertig zum Gebrauch war.

Zwischen uns hatten wir noch eine Ölhose befestigt, um auch dort das Eindringen des Wassers soviel wie möglich zu verhindern.

Kaum hatten wir das flache Schar, auf dem keine größere Welle aufkommen kann, verlassen, als auch schon ein munteres Tanzen begann; jede kurze hohe See ließ unser zerbrechliches Boot die bedenklichsten Sprünge ausführen, denn alle Augenblicke konnte uns eine der hohen Wellen zum Kentern bringen; nur durch die äußerste

Anspannung aller Nerven und gutes Auffangen der Wellen entgingen wir der drohenden Gefahr.

Während ich ein Segel bediente und steuerte, hatte mein Kamerad das mühsame Geschäft übernommen, das Wasser, das bei jeder Welle einströmte, wieder auszuschöpfen.

Gern hätten wir den Strand zu erreichen gesucht, allein die hohe Brandung verbot alle Annäherung an das Ufer, so daß wir gezwungen waren, die hohe See zu halten.

Nach vierstündiger Fahrt kamen wir in 'das „schmiege" Wasser des Greifswalder Boddens, in dem wir dann auch mit sausender Fahrt rasch den Greifswalder „Utkiek" erreicht hatten, der uns Schutz gewährte. Bald legten wir im sicheren Hafen an.

Ich habe schon manche ähnliche Fahrt in großen Jachten gemacht, wobei Wind und Wellen uns auch tüchtig schüttelten, aber am interessantesten und aufregendsten bleibt doch diese Kanoefahrt mehr „durch", wie über die rauschenden Seen der pommerschen Küste!

Ich glaube, daß die Schilderung der gemachten Erfahrungen lehrreicher ist, als eine langatmige Auseinandersetzung der zu beobachtenden Dinge.

F. Jachten.

Obwohl hier nicht der Raum vorhanden ist, über den Bau von Jachten eine breite Abhandlung zu geben, so dürften einige Bemerkungen darüber doch am Platze sein, damit man dem Bootbauer einige Angaben als Anhalt geben, resp. sich beim Kauf einer Jacht nach diesen richten kann.

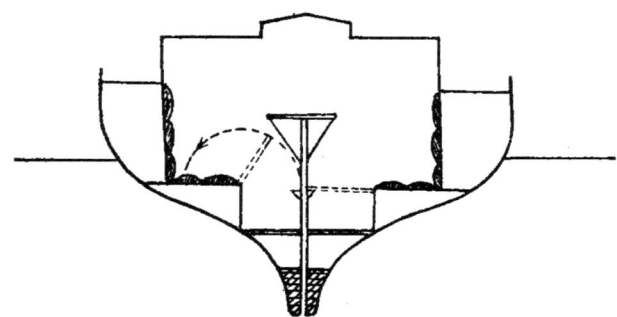

Fig. 34. Kajütenquerschnitt mit aufklappbaren Sitzen.

Während an der Küste ein Kielboot durch die ungeteilte Kajüte recht angenehm ist, darf in Binnengewässern das Boot nicht über 3—4 Fuß mit aufgeholtem Schwert schwimmen, da man sonst sein Segelrevier zu sehr beschränkt. Als Warner und manchmal auch als Bremse hat das Schwert seine großen Vorteile. Ein flach gehendes Fahrzeug muß immer ein Schwert haben, um dem Seitwärtstreiben eine genügende Fläche entgegenzusetzen. Ein lang ausgezogenes Vorschiff gibt vorne ordentlich Raum, kann auch bei Landungen als Brücke benutzt werden, und macht das Bugspriet entbehrlich, an dem man früher seine halsbrecherischen Turnübungen machte. Ebenso ist ein langes Heck sehr angenehm, um vor Wind dahingleitend gemütlich ein Nickerchen zu machen.

Das Cockpit beschränke man nach Möglichkeit; können drei Mann dort sich aufhalten, so ist dies vollständig genügend. Da das Boot ja fast immer schief liegt, so drückt die Reeling dem Sitzenden dann stets den Rücken. Sehr angenehm, wenn auch etwas frei, sitzt es sich auf dem Deck, doch muß dieses dann eine besondere Sitzleiste erhalten, da man sonst bei Spritzwasser, das nach hinten läuft, öfters im Nassen sitzen kann. Ein Cockpit, das mit seinem Boden über der Wasserlinie liegt

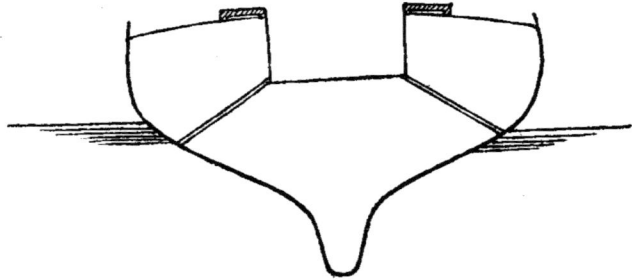

Fig. 35. Cockpit mit Ablaufröhren.

und wasserdicht gegen die Kajüte abgeschlossen werden kann, erhöht die Sicherheit und Seetüchtigkeit eines Bootes ganz außerordentlich, das übergekommene Wasser läuft dann in seitlich angebrachten Röhren mit Ventilklappe von selber nach außen ab (vergl. Fig. 35).

Die meisten Boote kentern nicht indem sie gewissermaßen nach Lee hin umfallen, sondern es kommen bei starken Neigungen solche Wassermassen über den Cockpitrand hereingeströmt, daß die Leeseite des Bootes den Auftrieb verliert und sich immer weiter neigt, bis man eben ganz drin liegt. Ein einigermaßen vernünftig gebautes, gut geballastetes Boot wird durch solchen wasserdichten Einbau eines nicht zu großen Cockpits nahezu oder ganz unkenterbar werden, was auch ein ganz angenehmes Gefühl gibt. Besonders kann man sich dann mehr Freiheit im Festlegen der Schote bei böigem Wetter gestatten. Legt eine harte Bö das Boot dann auch einmal ordentlich über, so laufen die paar Eimer beim Aufrichten wieder ab. Eine hinreichende B r e i t e des Bootes ergibt sich aus dem Obengesagten von selber. Unter Segel haben breite Boote, die unter Seglern auch „Flundern" heißen, den Vorteil, daß sie sich nicht gleich so weit weglegen, wie schmale tief geballastete Boote, die ihre größte Stabilität erst unter größeren Neigungswinkeln erlangen, deswegen ist der längere Aufenthalt im breiten Boot angenehmer.

Bei einem Boot mit auf dem Deck ruhenden Sitzleisten (Fig. 36) empfiehlt es sich, eine Art Geländer

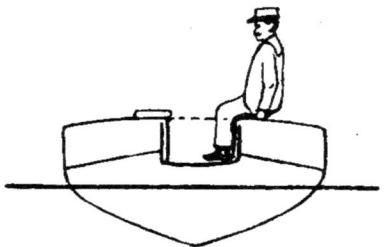

Fig. 36. Deck mit Sitzleisten.

auf Deck anzubringen, an dem man sich bei starken Neigungswinkeln halten und stützen kann.

Sehr angenehm ist es, wenn die Schoten alle hinten und von einem Platz aus bedient werden können, wohin auch der Schwertfall geleitet wird. Ein Mann kann dann allein alles bedienen. In manchen Booten findet man auch die Fälle nach hinten geleitet, um eventuell Segel zu bergen. Das Heißen muß man natürlich trotzdem von vorn besorgen, da zu viel Kraft durch die Reibung an den Blöcken verloren geht, die die Fälle nach hinten führen.

Takelage.

Die Sloop (Fig. 37).

Unter den vielen Arten von Takelagen hat in Deutschland, wie oben schon erwähnt, die S l o o p sich das Feld erobert und behauptet. Mit einem großen Raatopsegel ausgerüstet, ist sie auch bei leichtem Winde genügend besegelt. Viele Boote dieser Art sind übertakelt, sie haben ein unsinnig großes Großsegel mit enormem Mast und Spieren. Bei viel Wind und etwas Seegang hilft dann auch das Reffen nicht, weil das Topgewicht der hin und her schlingernden schweren Spieren dem Boote äußerst unbequem wird.

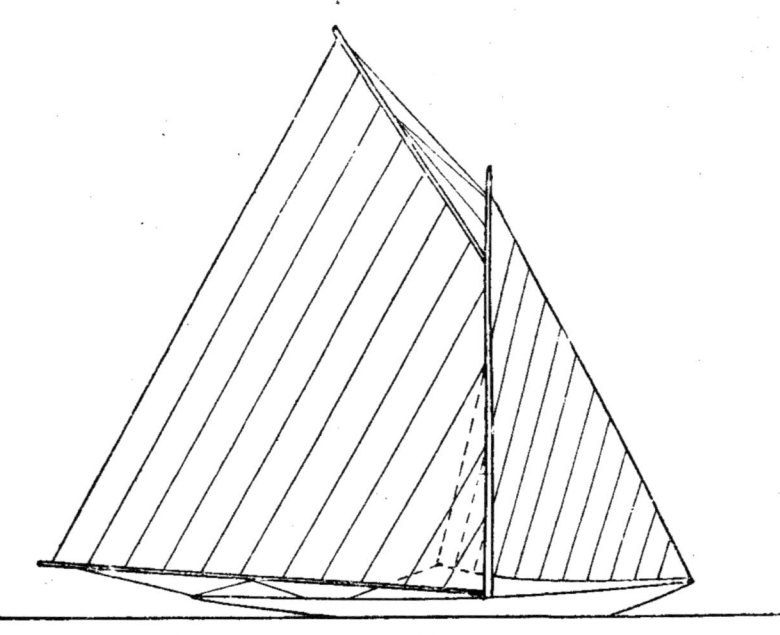

Fig. 37. Sloop.

Der Kutter (Fig. 38).

An der Küste sieht man daher statt der Sloops auch kleinere Segel, Kutter mit großem Vierkanttopsegel für leichten Wind, auswechselbar gegen ein schon viel kleineres dreieckiges. Nimmt man auch dieses fort und streicht die Stänge, so ist das Topgewicht bedeutend verringert, während doch noch volle Untersegel gefahren werden können.

Ähnlich ist es mit den Vorsegeln. Der Kutter hat

geteilte Vorsegel, kann den Klüver nach der Größe auswechseln, und, um das Bugsprietvordergewicht zu verringern, dieses „einrennen", d. h. zurückziehen.

Auch der Baum ist verkleinert dadurch, daß der Mast mehr nach hinten gestellt ist. An den Fig. 37 und 38 wird man die charakteristischen Unterschiede beider Takelagen erkennen. Die Sloop strebt nach Oberwind,

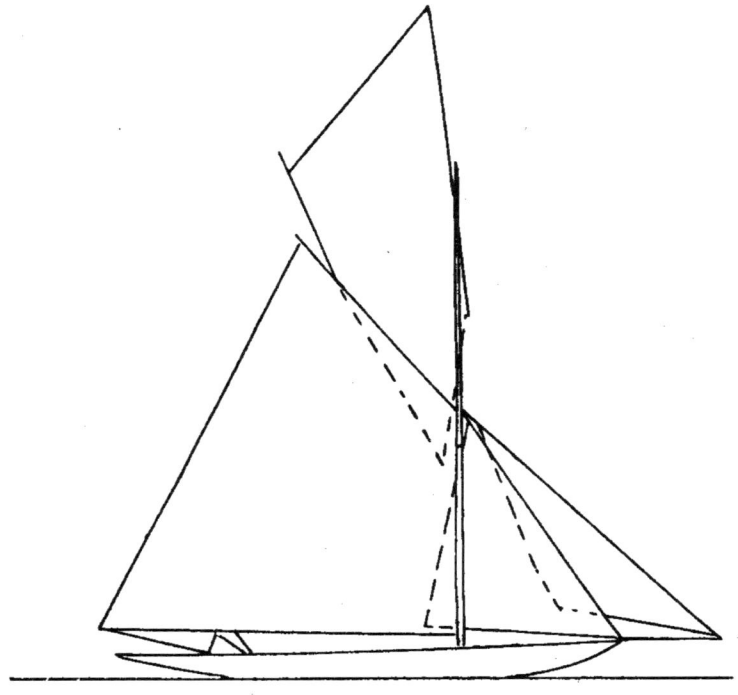

Fig. 38. Kutter.

da sie über Bäume und Sträucher hinwegragt. Der Kutter muß auch bei heftigem Winde sich genügende Segelfläche durch deren niedrige Lagerung und wegzunehmendes Topgewicht sichern.

Unbequem sind beim Kutter die vielen „Strippen", wie die Landratte sagt, und dementsprechend eine Unmenge Blöcke, was beim Mastlegen viel Schererei verursacht, deswegen begnügen sich auch größere Boote in Binnengewässern mit der einfacheren Takelage als Sloop. Auch an dieser noch ist alles „stehende Gut", das die Küstensegler niemals entfernen, da sie ja immer ihren Mast stehen lassen, auch beweglich. So sind z. B. die „Jungfern" an den Wanten der Küstenfahrzeuge, deren An- und Abmachen geraume Zeit erfordert, auf Binnenjachten durch die schnell ein- und ausschraubbaren Wantenspanner ersetzt worden.

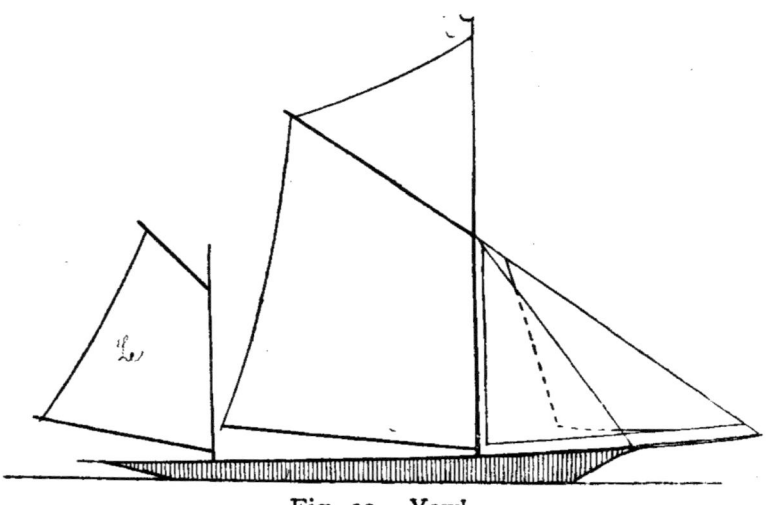

Fig. 39. Yawl.

Ein ungeteiltes Segel wirkt am Winde immer vorteilhafter als ein geteiltes, deswegen haben viele Jachten, die auf See Kreuzfahrten machen, neben ihrer Renntakelage als Sloop noch eine kleinere Kreuzertakelage als Kutter oder Yawl (Fig. 39).

Yawls sind ihrer Handlichkeit wegen zu Kreuzfahrten sehr eingebürgerte Fahrzeuge. Durch Teilung der Segel ist die Arbeit der Segelmanöver damit erleichtert. Doch wird der gemütliche Raum auf dem Heck durch den Besanmast beeinträchtigt. Nebenbei bemerkt, führt man auf Yawls die Flagge vom Top des Besanmastes.

Die Sprietsegel (Fig. 40) sind bei den seebefahrenen,

tüchtigen und wetterfesten Skandinaviern überall, auch für größere Boote, auf See in Gebrauch, was allein schon Beweis genug für ihre außerordentliche Güte ist. Das Segel steht sehr platt, gespreizt durch das

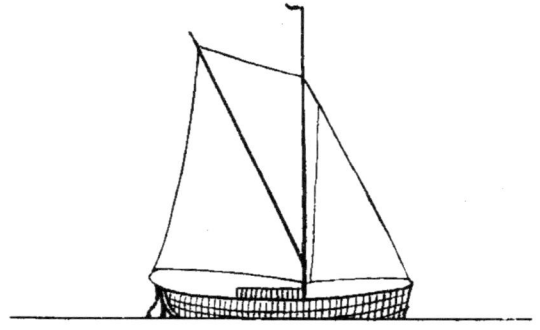

Fig. 40. Spriet-Takelage.

diagonale Spriet, statt zwei Spieren (Gaffel und Baum) führt man nur eine, und man ist in der Lage, das Segel in allerkürzester Zeit aufgeien zu können. Ein

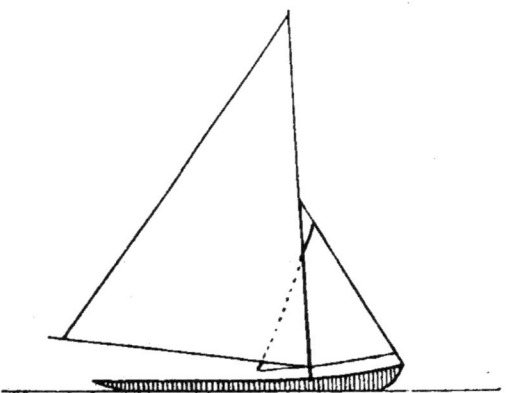

Fig. 41. Huari.

fernerer Vorteil ist auch, daß das Deck, auch wenn die Segel herunter sind, nicht durch Baum und Gaffel geteilt wird. Das Spriet wird beim Einholen des Segels an den Mast geholt und bleibt dort.

In Deutschland sieht man das Spriet fast nur auf Lastkähnen, Anglerkähnen, wo es eben seiner Einfachheit wegen sehr beliebt ist. Es sieht nicht allzu elegant aus, und dies hält wohl die meisten Jachtbesitzer ab,

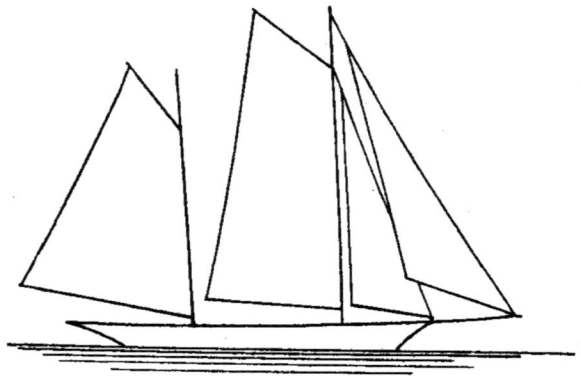

Fig. 42. Ketsch.

sich damit zu befreunden. Unsere Ostseefischer sieht man vielfach unter Sprietsegeln.

Huari (Fig. 41), eine von Bermuda eingeführte Form,

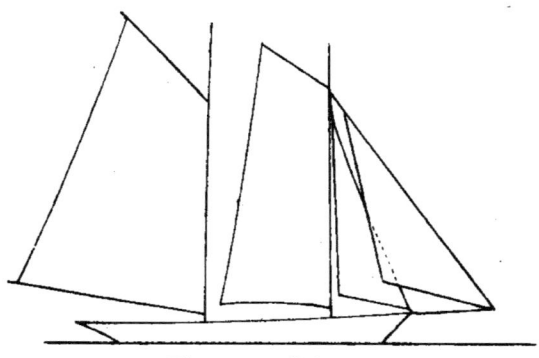

Fig. 43. Schoner.

ist daran kenntlich, daß die Gaffel sehr spitz steht, so daß die Gaffel, ähnlich wie eine Stänge, am Maste selbst in die Höhe gleitet. Es ist häufig in Gebrauch für kleinere Rennjachten und sieht gut aus. Ein Mittelding zwischen

Huari und Sloop mit sehr steil gestellter Gaffel ist jetzt die Modetakelage für kleinere Jachten.

Als Schoner takelt man nur große Seejachten, deren Segel in einem Stück zu schwer zu hantieren sind. Es sieht zwar auch für kleinere Jachten recht gut aus, und manche Besitzer lieben recht viel Krimskrams an Bord zu haben, an dem man „rumpusseln", viel Segel, die man „rauf- und runterziehen" kann, viel Enden, über die man stolpert. Dem richtigen Segler sind solche Dinge gleichgültig; bei ihm fängt der Hauptreiz des Sports doch erst in dem Augenblicke an, in dem er unter Segel von der Boje loswirft, um den Tanz mit den Elementen zu beginnen, sei es im seegehenden Schoner oder im kleinen Segel-Dingy.

Fast nur auf größeren Fahrzeugen ist die Ketschtakelage üblich (Fig. 42). Sie besitzt Ähnlichkeit mit der Yawl, nur ist das Treibsegel größer und steht vor dem Ruder.

Einzelheiten der Takelage.

Es empfiehlt sich für den Anfänger nicht, Beschläge, Reffvorrichtungen und andere Einzelheiten selber zu konstruieren oder von einem Schlosser usw. bauen zu lassen.

Die Firmen, welche sich mit der Herstellung solcher Takelageteile befassen, verfügen über eine reiche Erfahrung, so daß sie, was bei allen diesen Teilen sehr wichtig ist, große Leichtigkeit mit hinreichender Festigkeit verbinden. Man spart sich dadurch viel Geld und Ärger.

Auch der an einsamer Küste groß gewordene Segler tut gut daran, sich mit den Fortschritten, die die Einrichtungen moderner Segelboote gemacht haben, zu befreunden und nicht auf seinem Segelapparat usw., der noch aus der Zeit der Wikinger stammt, zu bestehen.

Man macht sein Boot dadurch viel handlicher und bequemer. Im Inseratenteil der deutschen Fachblätter und besonders auch im Inseratenanhang am Schluß dieses

Buches wird man eine Anzahl der bestrenommierten Firmen verzeichnet sehen.

In den Katalogen dieser Geschäfte wird man auch die eingehendste Auskunft über Größe usw. der einzelnen Gegenstände finden. Man wählt für größere Gewässer etwas stärkere Ausrüstungsstücke, da der Seegang an diese in bezug auf Haltbarkeit und Abnutzung höhere Ansprüche stellt, als glattes Wasser.

Patentreff.

Das jetzige Patentreff ist ein sehr bequemes, sicheres und seemännisches Möbel, das bis zum 10-Tonner herauf überall in Gebrauch ist. Ösen im Segel, durch welche im Falle des Schadhaftwerdens Reffbändsel eingezogen werden können, geben die Möglichkeit, trotz eines eventuellen Unbrauchbarwerdens des Patentreffes doch noch reffen zu können. Immerhin gibt es ja noch komische Käuze genug, welche in unbequemster Situation lieber 50 Reffknoten binden, als eine „unseemännische" Verbesserung an ihrem Boot anbringen.

Rollfock.

Ebenso angenehm ist eine Rollfock. Der Fockstag ist von einer drehbaren Holzrolle eingeschlossen, um diese rollt sich, genau wie beim Rouleau, die Fock beim Reffen auf; durch Einschnappen einer sehr soliden Sperrvorrichtung wird sie dann festgehalten, damit sie bei dem großen Zuge, den die Fockschoten ausüben, sich nicht aufrollt.

Wer jemals im stampfenden Boot eine Fock hat reffen müssen, wird mit Freude zu dieser neuen Einrichtung greifen.

Ein so ausgestattetes Boot hat in Zeit von Minuten seine Segel verkleinert und kann dann gemächlich weiter kreuzen, während der Fanatiker der Reffbändsel noch lange in unangenehmer Situation zu knüpfen hat.

Anker.

Auch an den Ankern zeigt sich der Fortschritt der Zeit. Man suchte hier nach Möglichkeit das hohe Gewicht und die unbequeme Form der von alters her gebräuchlichen, im übrigen sehr zweckentsprechend geformten Anker zu vermeiden.

Die Anker mit **beweglichen Flunken** haben den Vorteil, daß, wenn das Boot in seichtem Wasser ankert, es sich nicht an den hochstehenden Flunken verletzen kann, auf die es eventuell aufgeworfen werden könnte.

Die Größe des Ankers steht im Verhältnis zum Boot. Ein 5-Tonner wird mit einem Anker von einem guten halben Zentner auskommen. Bei Ankern vom Gewicht eines Zentners und mehr kann man ohne Ankerspill nicht auskommen.

Die Ankerkette hat sich immer noch trotz aller Veränderungsversuche behauptet, ihre Länge hängt vom Segelrevier ab.

Bei den schon erwähnten Geschäften wird man über Form, Preis usw. der verschiedensten Ankerkonstruktionen einen Anhalt finden.

G. Jachtsegeln.

Wir haben bisher die kleineren Boote und Kanoes vor unserem Geiste vorbeiziehen lassen, die dem Anfänger Gelegenheit geben, sich in dem Segelsport heimisch zu machen; daher können wir jetzt auch höheren Zielen entgegenstreben.

Diese „höheren" Ziele treten nicht nur dadurch in ihr Recht, daß man wünscht, auch einmal größere Boote, Jachten, zu führen, sondern auch in Hinsicht darauf, daß man auf ihnen, wenn man etwas größere Touren macht, ein menschenwürdigeres Dasein führen kann. Zur Führung eines gemütlicheren Heims an Bord gehört als erste Einrichtung die nur auf größeren Fahrzeugen anzubringende Kajüte.

Die Kajüte.

In kleineren Booten vermißt man besonders bei längeren Fahrten einen Raum, in welchem man bei Regenschwärken unterkriechen, schlafen und auch kochen kann, ohne daß einem der Wind und Regen die Sache zur Qual, wenn nicht ganz unmöglich macht.

Auch Zelt, Ölzeug, Decken sind nur Behelfsmittel, die nicht vollständig schützen. Alle Sachen lassen sich auch nicht in den Kästen eines nur zum Teil gedeckten Bootes wasserdicht unterbringen, zumal wenn eine Kreuztour uns in einsame Gewässer führt, die die Mitnahme von einigen „Futterkisten" unumgänglich nötig machen.

Wer auf solcher Tour eine Anzahl tüchtiger Regentage mit Spritzwasser durchgesegelt hat, der denkt abends, wenn er unter dem mit steifen Fingern nur nachlässig aufgebauten, im Winde schlotternden Zelte liegt, mit

Sehnsucht an seine warme „Baba" zu Hause, bis ein steifer Grog ihn in Morpheus Arme versenkt.

Außer der Kälte genießt man im offenen Boote auch noch genügend andere Daseinsfreuden: Das Brot ist aufgeweicht, das Salz muß in flüssigem Zustande verabfolgt werden und, o Graus, die Feld-, Wald- und Wiesengiftnudeln müssen erst sorgfältig am nächsten Morgen in der Sonne getrocknet werden, ehe man sie wieder rauchen kann, notabene wenn nicht ein neckischer Spritzer sich gerade in das natürlich nur zufällig geöffnete Streichholzdepot verirrt und des Prometheus göttlichen Funken schon im Keime erstickt hat.

Da lobe ich mir meine **Kajüte**. Im Luvufer unter Schutz vor Anker gegangen, die Segel herunter gelassen, läßt man die erste Gewitterbö heranbrausen! Hui, wie die Taue am Maste peitschen und pfeifen, wie Schloßen und Regen auf Deck klatschen! Ihnen zum Trotz summt gemütlich die Kaffeekanne, und mit doppelt behaglichem Gefühle sehen wir aus dem warmen wassersicheren Unterschlupfe dem Toben der Elemente zu, um nach dem Schwark im hellen Sonnenschein bei frischer Brise vergnügt weiter zu gondeln!

Dies sind die wahrlich nicht zu verachtenden Vorzüge eines größeren Bootes, dessen Dimensionen den Bau einer Kajüte ermöglichen.

Größere (8—12 m) Boote ohne Kajüte sind meist alte Rennmaschinen, denen der Kajütsaufbau am Winde und beim Manövrieren nur hinderlich ist. Die älteren haben ein großes offenes Cockpit, in dem Familie, Freunde und Verwandte Platz genug finden, um darin Sonntags nachmittags von einer Kneipe zur andern zu „gondeln", was vielen Leuten ja auch ein „Plaisierchen" ist.

Bei den Binnenbooten, mit denen man ja auch flachere Gewässer bereisen will, ist ein Hauptübel der Kajüten ihre geringe **Stehhöhe**. Nach unten zu ist des Tiefgangs halber kein Raum, ein hoher Aufbau nach oben hindert das am Winde segelnde Boot außerordentlich und sieht unschön aus, beschränkt die Segelfläche oder verlegt den Segelschwerpunkt mehr nach oben, das Boot wird dadurch, sowie durch das Gewicht des hoch über Wasser liegenden Kajütenaufbaues aus dem Gleichgewicht gebracht.

Man begnügt sich auf kleineren Binnenbooten daher vielfach mit einer Kajütenhöhe, die nur das bequeme Sitzen gestattet. Der Schwertkasten teilt die Kajüte im Sinne der Kielrichtung. Meistens ist dieser Kasten zum Untergrunde für einen auf beiden Seiten hochklappbaren Tisch ausgenutzt (Fig. 34). Auf den beiden Seitenbänken wird das Nachtlager aufgemacht. Man kann dieselben so weit unter Deck anlegen, daß man auch den Raum bis an die Spanten zur Lagerstätte zur Verfügung hat (Fig. 34). Doch dürfte es praktischer sein, die Bank zum bequemeren Lager durch Heranklappen eines Brettes nach dem Schwertkasten zu verbreitern, weil man dann den Raum *a* unbeschränkt zum Sachenverstauen zur Verfügung hat, was bei größeren Touren eine unbedingte Notwendigkeit ist.

Zwei Mann können hier bequem und auch warm ruhen, im Notfalle kann man noch einen Mann im Cockpit, über welches ein Zelt gespannt wird, und wenn Raum vorhanden, noch besser vor dem Mast unterbringen, ein Raum, der gerade in Jachten mit modern hochgezogenem Buge viel Raum, wenn auch nicht gerade nach der Höhe, bietet. In diesem Raume habe ich selbst als Knabe bei mehreren dreiwöchentlichen Kreuztouren meinen Schlafraum gehabt und war morgens aus der molligen Koje kaum herauszubringen.

Findige Leute haben der mangelnden Kajütenhöhe in empfehlenswerter Weise durch eine Art **Harmonikakajüte** abgeholfen. Hierbei ist das Kajütendach nach oben herausziehbar und wird durch zwei ineinanderarbeitende Schrauben oder auch durch einknickbare Hebelspannerarme, wie sie an den Droschkenverdecken angebracht sind, gehalten. Im Hafen oder vor Anker wird das bis dahin glatte auf Deck ruhende Kajütendach hochgehoben, festgelegt und bietet nun bequemen Raum sogar zum Stehen, was sehr beachtenswert ist. Man hat dadurch beim Segeln ein sehr angenehmes glattes Deck, kann sich dafür aber, wenn man unter Segel ist, nur kriechend im Kajütenraum bewegen; letzteres kommt allerdings nur selten vor.

Die Größe der Kajüte ist natürlich der Größe des Bootes annähernd proportional zu veranlagen. Ein kleines Boot mit einem Tanzsalon darauf sieht schauderhaft aus und segelt schlecht. Beim Kauf oder Bau muß man diese Verhältnisse wohl beachten.

Die Größe der Jacht.

Für Binnenboote verdient, wie schon früher bemerkt, zu Kreuztouren das Schwertboot unbedingt den Vorzug, vor allem der Tiefgangsverhältnisse wegen, es segelt gut am Winde und besitzt eine reichliche Stabilität, die bei einigermaßen sachgemäßer Führung vollkommen genügt.

Der Schwertkasten ist eben ein notwendiges Übel. „Glücklich ist, wer vergißt, was doch nicht zu ändern ist!"

Eine ungefähre Länge von 8—10 m über Deck mit 2—3 m Breite gibt eine recht wohnliche schnellsegelnde Jacht. Eine Vergrößerung erhöht natürlich die Wohnlichkeit, aber auch die Schwere der Arbeit im Gebrauch; weniger beim Segeln an sich, als beim Segelsetzen, Ankeraufgehen, Mastlegen, Fortbewegen bei Windstillen und anderen erfreulichen Nebenarbeiten, so daß ohne bezahlte „Hand" dann nicht mehr auszukommen ist.

Die Takelung.

Während, wie wir sahen, das steil getrimmte Luggersegel auf kleinen Sportbooten viele andere Takelagearten verdrängt hat, ist die Slooptakelage (Fig. 37) in der Größenklasse, die wir hier im Auge haben, typisch geblieben.

Wenig Arbeit beim Segelsetzen, gutes Stehen der Segel, bequeme Handhabung beim Reffen des Großsegels mit Patentreff, schnelles Verkleinern der Segelfläche durch Fieren des Piekfalles, eventuell des Fockfalles, ohne daß die Fock, da sie am Stage läuft, einem ins Wasser wegfliegt, sind die Hauptannehmlichkeiten. Die kurze Spiere der Gaffel ist viel handlicher wie die unsinnig lange Raa eines gleichgroßen Luggersegels, welches man allerdings leichter beim Mastlegen usw. vom Maste losbekommt.

Segel.

Die Sloop ist mit Großsegel und Fock besegelt. Beide werden an Fallen gesetzt — in die Höhe gezogen und am hinteren Ende durch Schoten regiert, indem man diese entweder holt oder fiert, d. h. nachläßt.

Diese sich bewegenden Enden, vom Laien Taue genannt, bilden das „laufende Gut"; die immer feststehenden Enden, die nur ab und zu getrimmt, d. h. nachgeholt werden, das „stehende Gut". Zu letzterem gehören in unserem Beispiel die Wanten und die Stage. Sie dienen zum Stützen des Mastes und des Bugspriets; hier hat der Stahldraht fast überall das Hanftau verdrängt. Stahltaue werden mittels Wantenspannern gestreckt.

An Beisegeln führen viele Sloops noch ein Raatopsegel, Außenklüver und Ballon, zu deren Handhabung aber schon größere Segelkenntnis gehört.

Segelsetzen.

Beim Segelsetzen muß man beachten, daß der Steven des Bootes in die Windrichtung gestellt ist, eventuell muß das Boot in seinem Stande umgedreht oder im freien Wasser an einer Boje, vor Anker, an einem Pfahl festgemacht werden, um unter Segel zu gehen.

Die Fock.

Erfahrene Segler setzen zunächst die Fock. Bei frischer Brise muß diese mit dünnen Baumwollfäden am

Vorderliek zusammengebandselt werden, die beim Holen der Schote nachher ausgerissen werden. Letzteres geschieht erst beim Loswerfen von der Boje usw.

Man setzt jetzt schon die Fock, um den Fall recht steif getrimmt zu bekommen, denn beim Setzen des Großsegels erhält der Mast einen Zug nach hinten und zieht dadurch Fockstag und Fall recht fest an, was beim Segeln am Winde für das gute Stehen der Fock von größter Wichtigkeit ist, damit diese nicht seitlich weggedrückt wird.

Beobachtet man bei frischer Brise segelnde Boote von vorn, dann kann man sehen, wie bei nicht genügend steifgesetztem Fall und Stag das Vorsegel bauscht. Fährt man die Fock ohne Stag oder einen Klüver, auch Außenklüver, so ist dies als doppelt wichtig zu beachten.

Vor dem Setzen der Fock muß diese eventuell gerefft und die Schoten eingeknebelt werden; dies muß aber mit Sorgfalt geschehen, da bei jeder Wendung das Segel hin und her schlägt und sich diese, wenn mangelhaft festgemacht, loslösen könnten. Bekanntlich gibt es aber größere Annehmlichkeiten, als bei steifer Brise ein peitschendes Focksegel mit der Hand einzufangen und zu bändigen und die Schoten einzuknebeln, während man auf dem glatten, schiefliegenden nassen Deck keinen Halt findet und die hin und her knallende Eisenkausche im Achterliek des Segels einem den Schädel ein- oder doch wenigstens ein Auge auszuschlagen droht und ein Spritzer nach dem andern zur Eile aufmuntert.

Grofssegel.

Nachdem die Persennings, das sind wasserdichte Leinwandstreifen zum Zudecken des Segels, und sämtliche Bändsel entfernt sind, holt man die Dirk etwas an, entfernt die Gabel, in der der Unterbaum geruht hat, bringt den Piekfall in seine Kauschen an der Gaffel und macht die Flaggenleine klar.

Beim Einhaken des Piekfalls muß man immer nach

oben sehen, ob er· auch klar, d. h. richtig eingehakt ist; dadurch erspart man sich manche Arbeit, da man sonst gezwungen ist, das Segel noch einmal herunterzulassen.

Ist alles in Ordnung, dann heißt man allein oder auch zu zweien das Segel hoch, zunächst immer so, daß die Gaffel annähernd wagerecht hochgeht; der Piekfall muß also, da er öfter hin und her läuft, schneller geholt werden, als der Klaufall.

Ist die Gaffel so hoch, daß ihre Klaue richtig steht, so belege man den Klaufall für gut, strecke die Gaffel so, daß das Segel an der Klaue leicht gerunzelt erscheint und belege auch diesen Fall.

Reffen.

Will man nun reffen, so werfe man die Mastringe oder Reihleine vom Mastliek so weit los, daß man je nach der Notwendigkeit, das Segel zu verkleinern, reffen kann, drehe das Patentreff, eventuell unter sachtem Herunterlassen des gut gesetzten Segels so, daß es das Tuch aufrollt. Beim Drehen des Baumes muß man jedoch aufpassen, daß sich Dirk, Großschote, Flaggenleine nicht mit einwickeln.

Ist genügend gerefft, so wird das Segel so weit heruntergelassen, daß die Gabel des Unterbaumes an ihre Stelle kommt. Die Dirk wird so weit gefiert, daß sie nicht mehr ansteht, und der Hals noch einmal fest nachgeholt.

Beim Reffen der Fock hake man die Schote und die Vorderliek in die Kauschen ein, bis zu welchen gerefft werden soll, schlage die Liekspitzen nach innen und binde mittels der am Segel angenähten Reffzeisinge in einem Reffknoten das Segel möglichst glatt zusammen.

Beim Reffen muß man auf die Erhaltung des richtigen Segelschwerpunktes bedacht sein. Auf einem Boot, das bei heftiger Brise sehr luvgierig wird, eine Eigenschaft, die sehr vielen Schwertbooten innewohnt, wird man mehr vom Hauptsegel wegnehmen, zumal wenn die

Fock weiter nach hinten auf dem Bugspriet gesetzt wird, um das Vorschiff beim Stampfen in hoher Welle zu entlasten.

Da beim starken Reffen der Vorsegel diese unten große Wulste, die hinderlich sind, bilden, so besitzen viele Jachten kleinere Focks und Klüver, die man je nach der Windstärke setzt.

Beim Reffen während der Fahrt sucht man etwas Schutz, geht an den Wind, refft erst das Großsegel, dann die Fock, wobei der Mann am Ruder immer bedacht sein muß, das Boot in Gewalt, d. h. in langsamer Fahrt voraus zu halten. Ein Rückwärtsfahren mit peitschenden Segeln kann recht gefährlich werden.

Vor Anker gehen, Piekfall und Fockfall fieren, wird den Anfänger aus dieser peinlichen Situation befreien, während eine gut geführte Jacht schon längst in den auffrischenden Böen unter kleinen Segeln davonstürmt.

Loswerfen vom Anker.

Wenn die Segel gesetzt, die Fälle aufgeschossen, d. h. zum sofortigen Fieren zurechtgelegt, die Schoten klar und der Schwertfall bereit sind, so wirft man los.

Hat man an einer Boje oder an einem freistehenden Pfahl Segel gesetzt, so ist das Manöver ziemlich einfach. Wollen wir z. B. auf dem Backbordbug lossegeln, d. h. die Segel sind auf der linken Seite, so holt man, wenn das Boot gerade recht in den Wind zeigt, die Steuerbordfockschote an; sobald die Fock nun das Vorschiff nach Backbord abdrückt, so wirft man das Anlegetau los, legt die Pinne etwas steuerbord, holt die Großschote langsam an, sowie das Boot Fahrt bekommt, dann läßt man die Fock über und ist unter Segel.

Hat der Liegeplatz genügend Wasser und will man am Winde segeln, so kann man das Schwert gleich herunterlassen, will man vor Wind segeln, so dreht das Boot schneller ohne Schwert.

Schwieriger ist es, was oft der Fall ist, wenn man

auf so flachem Wasser liegt, daß man das Schwert nur tastend heruntersacken lassen darf, um nicht festzukommen, während man doch etwas Schwertfläche braucht, um am Winde allmählich aufzukommen. Hierbei sieht man Anfänger vielfach festkommen und — mehr lächerlich als gefährlich — stranden. Man wird bei solchem Wasser oft nicht ohne den jedem echten Segler verhaßten Staken auskommen.

Unter Segel.

Macht das Boot ordentlich Fahrt, so hat man Ruhe, um alles zu ordnen, die kurze Pfeife in Brand zu setzen und die kommenden Brisen zu beobachten, um möglichst viel Fahrt und Höhe herauszusegeln.

Für das gute Segeln am Winde lassen sich keine Regeln geben; Praxis und Beobachtung erfahrener Segler werden die besten Lehrmeister sein. Bei härteren Brisen lasse man sachte das Boot aufkommen, d. h. den Bug mehr in Wind gehen, aber nie zu weit, daß es die Fahrt verliert, da man dann ohne Fahrt hilflos Wind und Wellen preisgegeben ist; lieber lasse man die Kajütenfenster einmal ordentlich durchs Wasser schleifen und reffe nachher irgendwo unter Schutz etwas Tuch fort.

Man richte sich nicht nach dem Stander oder nach den in den Wanten angebrachten Windbändern, das Boot selber gibt einem das Gefühl, wenn die Brise raumer oder spitzer, d. h. mehr seitlich oder mehr von vorn einkommt.

Man säge nicht mit der Pinne hin und her, dies hemmt den Fortgang des Bootes und ist für Mitsegelnde ein unerträglicher Anblick.

Alle Bewegungen mit dem Ruder werden nicht ruckweise, sondern recht allmählich ausgeführt, da sie sonst die Fahrt vermindern und das Boot nicht so schnell gehorcht. Öfters sieht man Anfänger in Booten die Pinne im Ruck bis zum rechten Winkel drehen; dies ist ein Unding, da bei 45° das Ruder seine größte

Wirksamkeit hat. Das Boot wird nur aufgehalten und gehorcht nicht so willig, wie bei einem ruhigen Umlegen der Pinne.

Geht das Boot aus irgendeinem Grunde rückwärts, so wirkt das Ruder gerade umgekehrt, woran man sich für vorkommende Fälle gewöhnen muß. Der Bug schwenkt also nach der Seite, wohin die Pinne gelegt ist, das Boot stützt sich dabei gewissermaßen auf das Ruderblatt als Pivot.

Wenden (Über Stag gehen).

Dies Manöver wird beim Kreuzen auf Binnengewässern unzählige Male angewendet. In einem richtig getrimmten und geführten Boote wird die Wendung fast nie versagen.

Ist das Boot in guter Fahrt, so lege die Pinne langsam nach Lee, fiere gleichzeitig die Fockschote; sobald der Bug durch den Wind ist, hole man die andere Fockschote dicht und segle auf dem neuen Bug weiter. Ist die Großschote mittschiffs belegt, was für längeres Kreuzen sehr zu empfehlen ist, so braucht man gar nicht an diese zu rühren, andernfalls ist dieselbe, während der Bug durch den Wind dreht, auf der neuen Leeseite festzulegen.

Raumschots.

Ist viel Wind und steht eine hohe Welle, so ist das Segeln mit halbem Winde unangenehmer, da das Boot wunderbare Bewegungen macht; bei Backstag ($3/4$) Wind weiche man groben Seen aus, indem man vor den Wind geht; sobald das Boot sich hinten hebt, gehe man wieder auf den alten Kurs zurück.

Beim Segeln vor dem Winde wird man grobe Wellen besonders unangenehm empfinden, wenn diese so rasch laufen, daß sie uns überholen. Das Boot giert dann nach einer Richtung ab, d. h. es dreht ganz unerwartet, schießt in den Wind oder fällt so weit ab, daß plötzlich der Baum übergeht, wobei in schwerem Winde sehr leicht vom Baum oder Schote ein Mann aus dem Boot geschlagen oder verletzt werden kann, ganz abgesehen von den Schäden in der Takelage, die der gewaltige Ruck verursacht, wenn nicht gar der ganze Mast über Bord geht.

Man muß deswegen genau vor dem Winde äußerst achtsam steuern, um dem Drehen sofort zu begegnen.

Halsen.

Im großen Boot ist das Halsen, d. h. vor dem Winde segelnd das Segel auf die andere Seite zu bringen, bei viel Wind ein für die Takelage recht anstrengendes Manöver. Man hole dazu das Segel gut mittschiffs, führe die Pinne langsam nach Luv, fiere, sowie das Segel überfällt, die Großschote gut ab, aber nicht eher, als bis das ganze Großsegel über ist, da sonst der obere Teil des Segels nicht mit übergeht, der Baum beispielsweise auf Backbord hoch in die Luft ragt, auf Steuerbord die Gaffel mit dem oberen Teil des Segels. Dies wird nur bei böigem Winde passieren, kann aber dann leicht zu einem „accident" führen. Beim Halsen bei Brise wird jedesmal durch den Ruck der Takelage das Boot stark erschüttert, eine möglichst zu vermeidende Kraftprobe; lieber gehe man bei starkem Winde über Stag, wie dieses beim Bootsegeln beschrieben ist.

An die Boje gehen.

Da man ein Boot nur aufhalten kann, indem man es in den Wind schießen und so seine lebendige Kraft verbrauchen läßt, so muß man jeden Anlegeplatz, Boje oder Land, von Lee aus ansegeln. Man läßt, in Lee der Boje angekommen, das Boot dann mit losen Schoten in den Wind auf die Boje zu schießen. Der Mann vorn ruft dem Rudermann zu, ob nach Backbord oder Steuerbord Ruder gegeben werden muß. Ist man an die Boje herangelangt, so muß auch das Boot nur noch geringe Fahrt haben, damit der Mann vorn ein Ende durch den Ring ziehen kann.

Dazu gehört natürlich ausreichende Übung und Kenntnis des Bootes. Doppelt schwierig ist es beim Alleinsegeln, da man dann gerade im entscheidenden Augenblick die Pinne verlassen und nach vorn eilen muß, um dort die Boje zu fassen.

Ganz ähnlich ist es mit dem Anfahren an ein Bollwerk. Man kann bei auflandigem Wind an solches nicht festlegen. Kommt der Wind vom Lande, so segelt man genau so auf die Anlegestelle los, wie an die Boje, nur noch etwas vorsichtiger, sonst kann es zu einem Rammen des Bollwerks kommen, wobei der Klüverbaum leicht Kleinholz gibt.

Alle diese Manöver übe sich der Anfänger mit seinem Boot bei den verschiedensten Windstärken in einem unbelebten Winkel ein, sonst lernt er sie nie. Gerade die Landungsmanöver werden am meisten gesehen und kritisiert, und nichts sieht hilfloser aus, als wenn einer eine Boje, an die er anlegen will, mit fliegender Fahrt unterbuttert und der Mann vorn vergeblich danach fischt oder auch, wenn das Boot vor der Boje schon anfängt rückwärts zu gehen und einer vorn auf dem Bugspriet in den gewagtesten Stellungen vergeblich mit dem Bootshaken angelt, worauf dann wieder neue Anläufe erfolgen.

Alle solche Manöver kommandiert der Mann am Ruder, Gegenrede oder Schreien ist nur bei Sonntagsnachmittagsgondlern üblich. Mißglückt ein Manöver, so ist das Sache des Rudermannes.

Ankern.

Ist der Wind auflandig, so ankert man und läßt sich im kleinen Boot abholen oder rudert selber im Beiboot hin.

Auch beim Ankern sucht man sich in aller Ruhe einen Liegeplatz, segelt in dessen Lee und schießt in den Wind. Hat das Boot genug an Fahrt verloren, so läßt man den Anker fallen und gibt soviel Kette, wie nötig. Man gibt bei gutem Ankergrund und wenig Wind ungefähr das Dreifache der Wassertiefe an Kette. Bei schwerem Winde muß man dementsprechend mehr Kette stecken, da dadurch der Anker sicherer liegt, indem das Gewicht der auf dem Grunde ruhenden Kette erst hochgehoben werden muß, ehe der Zug den Anker trifft, wodurch die ziehende Kraft nicht ruckweise, sondern mehr elastisch den Anker trifft, was sowohl dessen Haltbarkeit im Grunde mehr gewährleistet, als auch dem Brechen der Kettenschäkel vorbeugt.

Beim Auslassen der Kette während der Fahrt muß das Boot immer noch Fahrt haben, damit die heruntersinkende Kette sich nicht auf den Ankerstock legt, um die Arme desselben faßt und denselben „unklar" macht, indem dessen Flunken sich nicht in den Grund einbohren.

Die Besorgung des in der Größe passenden Ankergeschirrs ist bei einem Neubau Sache des Bootbauers. Vor der Unternehmung von Fahrten an der Küste, bei denen die Existenz des Bootes gelegentlich von der Güte des Ankergeschirrs abhängt, ist der Prüfung desselben eine besondere Sorgfalt zu widmen, auch Reserveanker mit Tauen bezw. Ketten vorzusehen.

Gerät man im Sturm vor Anker ins Treiben vor einem Legerwall, d. h. vor einem Land in Lee, so ist das eine sehr unangenehme Situation. Man muß dann Segel setzen, den Anker schlippen und sich davonarbeiten, was bei hohem Seegang unter Sturmsegel eine große seemännische Gewandtheit erfordert.

H. Seglernormen und Kleidung.

Ausweichen.

In der Seglerwelt haben sich allgemein gültige Regeln allmählich eingebürgert, die auch für Wettfahrten durch den Deutschen Seglerverband Gesetz geworden sind.

Jede vor dem Winde segelnde Jacht muß allen in anderer Windrichtung segelnden ausweichen.

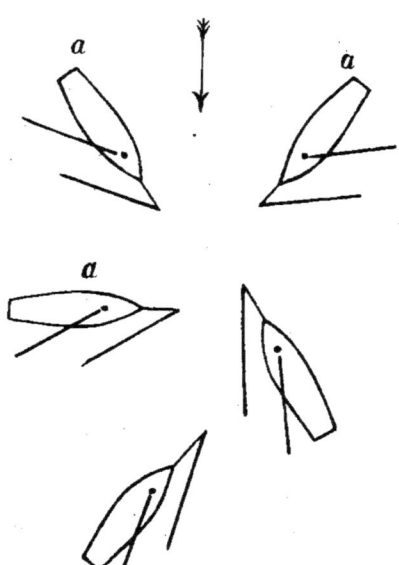

Jede raumschots segelnde Jacht (*a*, Fig. 44) weicht jeder am Winde segelnden Jacht aus. Begegnen sich Jachten am Winde, so weicht die Jacht, die das Segel auf Steuerbord hat, aus. Bei Fig. 45 ist *a* verpflichtet, Raum zu geben.

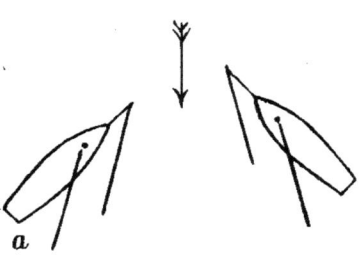

Fig. 44. *a* weichen aus.

Fig. 45. *a* weicht aus.

Ebenso weicht vor dem Winde die Jacht, die das Segel auf Steuerbord hat, aus, sonst die luvwärts befindliche Jacht.

Eine überholende Jacht weicht den anderen aus, bis

sie klar voneinander sind, so daß ihr Heck, resp. Großbaum die Klüverbaumnock der anderen passiert hat.

Segeln zwei Jachten am Winde mit dem Segel auf derselben Seite, so daß ihre Kurse sich zu kreuzen drohen, so muß die in Lee befindliche Jacht der anderen ausweichen (Fig. 46). In allen diesen Fällen muß die andere Jacht ihren Kurs beibehalten.

Nun hat man nicht nur mit Segelsportsmen, sondern auch mit ungeübten Fahrzeugen zu tun.

Fig. 46.
a muß ausweichen.

Kähne läßt man möglichst in Lee, da diese meistens am Winde sehr treiben und oft in engem Fahrwasser beinahe die ganze Fahrstraße sperren. Im übrigen muß man als besserer Tagedieb allen Leuten, die auf dem Wasser ihr wahrlich oft sauer genug verdientes Brot suchen, stets Raum geben.

Ruderbooten weicht man aus, besonders weit, den mit Sonntagsgondlern bemannten, die planlos und ohne richtige Führung in ungeahnten Kurven die Flut durchtoben; aber auch die langen Sportboote besitzen nur eine mangelhafte Drehfähigkeit, worauf man Rücksicht nehmen muß.

Schleppzügen und Dampfern gebe man ebenfalls Raum, einmal zur Schonung des eigenen Bootes, wenn man auch sonst vielleicht im Rechte wäre, anderseits sind diese vielfach an ihr Fahrwasser gebunden, und ein Dampfer mit 6 Kähnen im Schlepp kann nicht so manövrieren wie eine flinke Jacht.

Führung von Flaggen.

Liegt eine Jacht vor Anker und ist in Dienst gestellt, d. h. segelklar, so hat sie im Top den Stander ihres Segelklubs geheißt und am Heck die deutsche Flagge. Diese steht nur bis Sonnenuntergang und wird zur Nacht eingeholt.

Flaggengruss.

Unter Segel führt man die Flagge an der Gaffel, jede Art Namens-, Phantasie- oder Preisflagge sieht unseemännisch und lächerlich aus. Fremde Nationalflaggen werden beim Flaggen über Top in fremden Häfen im Großtop als Höflichkeitsbezeugung gesetzt, die eigene Nationalflagge bleibt am Heck.

Ähnlich ist es bei Klubfestlichkeiten usw.

Jachten begrüßen sich durch dreimaliges Dippen der Flagge, man sei dabei aufmerksam und zuvorkommend.

Kriegsschiffen muß die Flagge gezeigt werden, man grüßt sie in derselben Weise oder auch nur durch Dippen während der Vorbeifahrt.

Bei Ehrenbezeugungen vor Allerhöchsten Herrschaften wird Flagge und Stander halb niedergeholt, die Besatzung nimmt die Kopfbedeckung ab.

Eine einkommende Jacht begrüßt die ankernden Jachten zuerst.

Die Stander der Seglervereine haften an der Person des Eigners, d. h. sie dürfen unter Segel nur geführt werden, wenn der Eigner an Bord ist.

Die Kleidung.

Der Segler, der während der Fahrten eine vielfach sitzende Lebensweise führt, wird sich in der Regel wärmer kleiden, als der gewöhnliche Tourist; ferner muß er Anzüge tragen, die einerseits vom Winde nicht hin- und hergeweht werden können, anderseits ein schnelles Arbeiten ermöglichen.

Hieraus ersieht man schon, daß der Segler einen anschließenden Rock, d. h. ein Jackett trägt. Ebenso darf die Kopfbedeckung nicht in Gefahr stehen, von jedem Luftzuge weggetragen zu werden; daher hat sich die sonst deklassierte Mütze im Segelsport wieder ihren Platz erobert, und zwar in ähnlichem Schnitte, wie die Marineoffiziere ihn tragen. Da wir bei dem Abschnitte über „Behandlung der Boote" die Notwendigkeit dargelegt haben, das Deck nur mit Gummisohlen zu betreten, so sind auch Gummisohlenschuhe (auch für die Gäste) unerläßlich.

Die Farbe der Kleidung ist dunkelblau oder im Hochsommer weiß (Kaschmir), die Schuhe naturfarben oder weiß. Der Anzug muß einfach sein und jedes Auffällige vermeiden.

In Regenwetter leistet der Ölanzug mit dem Südwester beste Dienste, wenn durchgehalten werden muß.

Bei rauhem Wetter sind die Sweater oder auch gestrickte (blaue) Jacketts, die man unter das Oberjackett zieht, sehr angenehm, auch „stilig".

Auf längeren Touren, bei denen man viel zu arbeiten hat, zieht man natürlich altes Zeug an, denn das einmal dabei gebrauchte kann man nachher getrost den Brockensammlern überlassen.

Viele Jachtklubs haben ihre besonders vorgeschriebene Uniform, die von renommierten Schneidern nach dem richtigen Schnitte hergestellt und daher dort am besten bestellt wird.

Es versteht sich von selbst, daß der Gentleman mit diesem Kostüme ebensowenig überall herumläuft, wie der Pferdebesitzer mit Sporen, sondern daß er sich nur auf dem Schiffe, im Hafen oder auf der Reise darin sehen läßt.

Als Unterzeug trägt man am besten Wolle, da selbst im Sommer die fortwährend wechselnde Temperatur leicht Erkältungen hervorbringt; besonders beim Kreuzen umweht den Segler immer eine frische Brise.

Auf kleinen Booten wird während der Tourenfahrten der Segler, wenn er keine bezahlten Hände hat, sich nur zum Waschen und Baden entkleiden, sonst im Unterzeuge unter Decken schlafen, um jeden Augenblick kampfbereit zu sein.

Werden D a m e n an Bord einer Jacht zum Mitsegeln eingeladen, so müssen auch sie ihren Anzug dem Sporte anpassen. Die gräßlichen Hüte mit wallenden Federn, die den Sturmhauben der alten Puritaner gleichen, müssen zu Hause gelassen werden und leichten kleinen Filz- oder Strohhüten, in denen der Wind sich nicht fangen kann, Platz machen. Ein einfaches Wollkleid mit dem anschließenden modernen Jackett, sowie für brisiges Wetter ein nicht faltenreicher Lodenmantel beschließen das Kostüm. Schuhe ohne Absätze sind erforderlich, damit die Damen an Deck ohne Schwierigkeiten gehen können. Je einfacher die Damen sich zu kleiden verstehen, desto vornehmer werden sie erscheinen. Es ist auf der See wie auf dem Lande „toujours la même chose".

I. Das Tourensegeln.

Wir können in dem engen Raume unseres Büchleins keine ausführliche Navigationslehre geben. Wir bringen aber ausdrücklich einen Abschnitt über die Fahrten auf den schönen Gewässern unserer Heimat, weil gerade der Wunsch, unser Geschlecht zu diesen erquickenden Touren anzuregen, den Hauptanstoß zu diesem Büchlein gab. Wie der vielerfahrene Verfasser des Kanoekapitels schon bemerkte, sind Amerika und England in diesem Sport, in dem der Mann der Gesellschaft wieder einmal „Mensch" wird, uns weit voraus! Auf den kanadischen Seen, den Adirondaks, wie den Gewässern Floridas segelt jung und alt, um in der Einsamkeit der Mutter Natur mit diesem oder jenem Freunde einige Wochen den Staub — moralischen wie physischen — von den Füßen zu schütteln!

Die Verfasser dieses Buches haben die Seen der Havel, Mecklenburgs, Pommerns, Ostpreußens, das Haff und die Ostsee in kleineren und größeren Fahrzeugen bereist und können daher aus Erfahrung sprechen, da der junge Sport mit Ausnahme einiger Reisebeschreibungen noch keine eigentliche Literatur hervorgerufen hat.

Wahl der Boote.

Enge Flußgebiete, die dem Freunde kleiner landschaftlicher Szenerie die meisten Bilder und dem Freunde am ländlichen Leben köstliche Abwechslung bieten, befahre man mit dem Kanoe, in dem neben dem Segel das Ruder sein Recht behält. So ist z. B. für Touren in den Spreewald das Kanoe geboten, ebenso für solche in den Flußtälern Südwestdeutschlands. Für Touren in die köstlichen märkischen, pommerschen, preußischen und mecklenburger Seegebiete ist ein Segelboot zu wählen, das sich auch leicht rudern und treideln läßt. Das Staken ist in vielen Seen, abgesehen von deren Tiefe, wegen des morastigen Grundes ausgeschlossen. Man versäume übrigens nicht, sich über die Fahrstraße zu orientieren, da der Müritzsee z. B. höchst unangenehme Steinklippen hat.

Ebensolche mittlere Größen wähle man bei Durchkreuzung der masurischen Seen. Auch im mittleren Rhein ist solche Form vorzuziehen. Die untere Havel mit ihren lieblichen Seen, die untere Oder, das Haff und die Ostsee, sowie den Unterrhein, die Weser und Elbe kann man in ihren breiteren Läufen schon mit kleineren Jachten befahren.

Auch zu dem Kreuzen auf den finnischen und schwedischen Seen wähle man nicht zu kleine Formen und rüste sich sehr sorgsam aus, da besonders die finnischen Seen, mit deren Verhältnissen wir uns vertraut gemacht haben, wenig Gelegenheit geben, die Vorräte zu ergänzen.

Will man z. B. Binnengewässer befahren, so muß das Boot mehrere unbedingt nötige Eigenschaften besitzen: Es muß für drei Personen Schlafraum bieten, „3 machen eine Kumpaney!"; auch darf das Boot, wie erwähnt, nicht zu groß sein, sondern nur die Abmessungen haben, daß man es auch ohne Segel leidlich handhaben kann. Ein zu großes Gefährt ermüdet schließlich auf Strecken, die wegen waldiger Ufer usw. das Segeln ausschließen, den Fahrer so sehr, daß der Humor davongeht.

Das Boot muß vor der Reise noch einmal gründlich revidiert und repariert werden, auch das stehende wie laufende Gut in tadelloser Ordnung sein. Man versehe sich ferner mit Reserven an Segeln, Tauzeug und besonders an Treidel- und anderen Leinen. Auch Werkzeug, Dichtzeug, Lampen für die Fahrt (grün-rote, sowie weiße Mastlaternen) dürfen nicht vergessen werden.

Einen Reserveanker mit Tau nehme man an Bord und hänge hinten ein Beiboot an. Letzteres ist nicht nur nötig, um besser landen, den Anker auswerfen zu können usw., sondern erhöht den Genuß der Reise auch durch die Möglichkeit, seitliche kleine Gewässer zu besuchen, kurze enge Strecken abzurudern, ferner zum Angeln und Jagen. In der Nähe bewohnter Orte, die man besucht, zieht man es vor, um der Neugier der Leute, auch dem Besuche oder der Untersuchung des Fahrzeuges seitens ungebetener Gäste zu entgehen usw., die kleine Jacht in einiger Entfernung vom Ufer zu verankern und mit dem Beiboot allein ans Land zu gehen.

Die Ausrüstung für die Reise.

Die Ausrüstung richtet sich ganz nach der Dauer der Reise. Man muß sich möglichst unabhängig von bewohnten Orten machen. In den Dörfern bekommt man nur frisches Wasser, Milch und Eier. Kommt man durch eine Stadt, so wird diese benutzt, um eine ordentliche Mahlzeit einzunehmen oder, wenn der günstige Wind zu sehr lockt, die Küche mit frischem Fleisch zu versehen.

Man nimmt für eine größere Tour in Binnengewässern mit: Konserven für etwa die Hälfte der Mittagsmahlzeiten, Selterswasser, Wein, Fruchtsaft, kräftiges Brot, einen großen Napfkuchen, der sich tagelang brillant hält, und verschaffe sich in Städten ähnliche Bäckereien. Butter, Rauchfleisch, Wurst, Käse, Kaffee, Tee oder Kakao, einige Büchsen Sardinen packe man ein. Das Geschirr sei von Emaille. Ferner einen guten bewährten Schnellkocher (s. Anhang), Tiegel, Töpfe, Spiritus, Streichhölzer, auch eine Reserve davon in wasserdichter Büchse; ebenso halte man die Zigarren wohl versichert.

An Bekleidung nehme man für alle Tage eine Strapazierkleidung, daneben einen landfeineren Anzug mit. Ein Ölanzug (für den Steuermann) genügt, da man bei sehr schlechtem Wetter besser unterkriecht. Die Nacht schläft man unter Decken. Badeanzug usw. ist nicht zu vergessen.

An sonstigen Dingen nehme man mit: Papier und Schreibzeug, Zeug zum Aquarellieren und Skizzenbücher. Wer zeichnen kann, lege ein illustriertes Logbuch an, wie Protzen solches herausgab, und wie wir an solchem noch lange uns erfreuen, da auch wir bei jeder Reise ein sorgfältiges Tagebuch führten, das uns später an manche fröhliche bezw. gefährliche Episode erinnerte. Vor allem ist es nötig, sich genügende Karten mitzunehmen. Die besten, absolut zuverlässigen, sind und bleiben die Generalstabskarten. Zum Fahren über das Haff und Außengewässer besorge man sich Seekarten.

Bei Touren zur See hat man bezahlte Hände und ist die Ausrüstung dementsprechend anders, und verweisen wir da auf „Seglers Handbuch".

Die Fahrt.

Man stelle den Reiseplan nach guten Karten möglichst früh und gründlich zusammen. Ist ja dies schon an und für sich ein Vergnügen. Man sei sehr vorsichtig in der Auswahl der Mitreisenden. Die Zahl 3 ist die beste! „Tres faciunt collegium" sagten schon die Römer! Der Eigner oder ein von ihm bestimmtes Mitglied muß das Kommando übernehmen. Sonst ist Ablösung nach Stunden, beim Treideln nach Minuten, zu vereinbaren.

Auf vielen Reisen bewährt hat sich folgende Tageseinteilung: Mit der Sonne aufstehen. Kaffee aufsetzen. Gründliche Reinigung des Bootes (sehr wichtig!). Dann Bad und Toilette. Setzen der Segel. Frühstück während der Fahrt. Stets unmittelbar nach jeder Mahlzeit Reinigen der Gefäße, wovon der Mann am Steuer befreit ist. Um 9 Uhr kaltes Lunch. Um 12 oder 1 Uhr Mittag, das immer derselbe kocht, der zugleich alle Materialien verwaltet, daher auch schon vor der Reise mit der Beschaffung beauftragt wurde (Intendant). Diese

Kleinigkeiten sind sehr wichtig, da die Gemütlichkeit der ganzen Reise gestört ist, sobald Unordnung oder Zweifel herrschen. Der dritte Mann achtet auf die Besegelung und hat daher das ganze laufende Gut zu überwachen. Bei Fahrten auf Binnengewässern eine bezahlte Hand mitnehmen, hieße der ganzen Reise die eigentümliche Poesie und jeden Reiz rauben. Leute, die ohne solche nicht leben können, sollen sich im Gigerlkostüm in Modebäder setzen und da Strandkonditor spielen.

Nachmittags etwa 3 Uhr gibt es Kaffee, um 7 Uhr Abendbrot, um 10 Uhr geht es vor Anker und ist Ruhe, wenn nicht gerade eine sehr günstige Brise zum Weitersegeln in die Nacht hinein einladet.

Man lege sich zur Nacht, wenn es geht, fern von bewohnten Orten vor Anker, schon wegen des Badens und der Morgentoilette, womöglich ins Rohr, damit etwa aufkommender Wind nicht stört. Diese stillen Nächte, in denen man nur das Plätschern des Wassers, das leise Glucksen der Wasservögel hört, sind allein schon wert, solche Reisen zu machen! Sind aber Mücken da, so gehe man schleunigst Anker auf und lasse ihn weiter drin im See fallen, dann wird man von den Plagegeistern befreit sein.

Ist bei Tage das Wetter sehr regnerisch, so gehe man vor Anker und amüsiere sich in der nun doppelt gemütlichen Kajüte mit Zeichnungen, Führen des Logbuches, Schach oder Skatspielen und Garnspinnen.

Man übertreibe die Tagesleistungen nicht und sorge für Abwechslung. Am dritten Tage der Reise, an dem wegen der ungewohnten Lebensweise fast immer eine gewisse Abspannung einzutreten pflegt, mache man eine Pause, in interessanten Gegenden auch wohl einen Fußmarsch, um das Blut in Bewegung zu bringen! In der Nähe schöner Waldstreifen steige man ans Land zu einer der Mahlzeiten. Sind Angler an Bord, so füllen diese etwaige Pausen mit diesem Sport aus, der aber bei uns selten ergiebig war; nur im Müritzsee haben wir täglich binnen weniger Minuten schöne Erfolge gehabt. Die Fischer, denen man begegnet, lassen einem gerne etwas von ihrem Fange ab. Auf den belebteren Straßen begegnet man fliegenden „Zemplern", die Brot, Bier und allerlei Lebensmittel verkaufen. Man hüte sich bei mangelnder Bewegung usw. vor dem Genuß des Bieres während der Reise.

Wer wochenlang Reisen macht, und nur dann kann man schöne Partien absuchen, kommt viel mit „Gottliebs" (an Schleusen usw.) in Berührung. Wir sind mit den meist achtbaren und biederen Leuten stets trefflich ausgekommen, ja haben von ihnen manche Freundlichkeit erfahren. Natürlich schallt es aus dem Walde genau so heraus, wie es hinein tönt.

Ein fröhliches Herz, gute Laune, frischer Wagemut, keine Scheu vor Arbeit, Strapazen und gegenseitige Rücksichtnahme sind die Haupterfordernisse für die Reise und bilden deren beste Ausrüstung.

J. Wettsegeln.
Vom Renn-Segelsport.
Ein Beitrag von Willy Stöwer.

„Wettsegeln und Politik verderben den Charakter", so lautet scherzweise ein Sprichwort in Seglerkreisen, und wenn auch dasselbe nicht gar zu wörtlich zu nehmen ist, so bleibt doch ein ganz kleines Körnchen Wahrheit daran, insofern als unter den kämpfenden Teilnehmern manchmal scharfe persönliche Gegnerschaft entsteht, was aber bei diesem vornehmen Sport nicht sein sollte. Ich weiß nicht, ob bei Rennen im Pferdesport ähnliche Stimmungen sich bilden, glaube aber, daß in anderen Sportzweigen dieselben Verhältnisse vorherrschen.

Während meiner wettseglerischen jahrelangen Tätigkeit habe ich stets nach Möglichkeit jede drohende Differenz mit sportlichen Gegnern zu vermeiden gesucht, und bin trotzdem durch Rücksichtslosigkeiten oft gezwungen worden, Stellung nehmen zu müssen. Es sollte, wie schon gesagt, so was nicht sein, und könnte alles vermieden werden, wenn manche Segler mehr die Wettsegelbestimmungen studieren möchten, bevor sie die Führung einer Rennjacht übernehmen. Ich habe dies erwähnen müssen, weil diese Mißstände nun einmal auf der Regattabahn hervortreten und vielfach zu Protesten und Unzufriedenheiten Anlaß geben und zum Schluß zu scharfen Auseinandersetzungen der Parteien führen.

Also vor allem gründliches Studium der seglerischen Gesetze vor Eintritt in den Rennsegelsport! —

Um nun die Jacht zum Siege zu führen auf der heutigen Regattabahn und zwischen besten Führern und Mannschaften der Jachten sich zu halten, bedarf es einer tüchtigen Erfahrung und Schulung der eigenen Besatzung und vor allem einer ruhigen Besonnenheit der Steuerleute. Nur keine Nervosität! Ein rascher Befehl und schnelles Zugreifen an Bord sind am Platze, aber kein Hasten, um die Mannschaft unruhig zu machen.

Die Hauptsache natürlich bleibt die Jacht und genaueste Kenntnis der Eigenschaften derselben. Wieviel muß manchmal mit einem solchen Fahrzeug experimentiert werden, bevor man auf einen eventuellen Erfolg hoffen darf und wieviel Umstände sprechen heute mit, Preise zu erringen.

Das Bootsmaterial ist heute fast gleichwertig und der Konstrukteur ist heute bei Auftragerteilung eines Neubaues nicht mehr in der Lage, dem Besteller den sicheren Sieg der Jacht, wie früher, in Aussicht stellen zu können. Er wird dem Besteller ein Erzeugnis nach den „neuesten Erfahrungen des Jachtbaus" liefern, die hohe Bausumme ratenweise einziehen, und nun lieber Eigner tue dein Möglichstes, um das Fahrzeug in „Regatta-Trimm" zu bringen.

Vielen gelingt's, vielen nicht, denn auch das Glück spielt oft eine Rolle, sei es bei Erwerb eines gut gelungenen und gut segelnden Fahrzeuges, sei es, daß an dem betreffenden Regattatage gerade diejenige Windstärke weht, welche der Jacht am meisten behagt.

Im allgemeinen ist doch mit dem Regattasegeln, den ganzen Vorbereitungen hierzu, Mannschaftsfragen usw. viel Unruhe und Mühe, manchmal auch viel Ärger verbunden, und die Zeitfrage spielt in unserem heutigen Erwerbsleben ja auch ihre große Rolle. Aber trotzdem; der richtige Rennsegler, der passionierte Sportsman auf dem Wasser fragt hiernach nicht, hat das Jahr auch viel Enttäuschungen gebracht, so wird er im neuen Jahr schon wieder mit Sehnsucht die Saison herbeiwünschen, um von neuem die Aufregungen, den prickelnden Reiz eines gelungenen Starts — eines gewonnenen Rennens zu genießen.

Einige Segler geben alljährlich resigniert die Rennsegelei auf, um beschaulich am Bord einer bequemen

Tourenjacht usw. des Segelns Lust zu genießen, aber auch viele giebt es, die immer wieder, trotz mancher Mißerfolge, mit neuem Boot und neuem Mut am Start erscheinen, und dies sind die „Waschechten", die sogenannten „ausgekochten" Rennsegler, denn Renner bleibt Renner.

Ich kenne manchen Sportskameraden, der den Renner mit einem Kreuzer, dann mit einer Tourenjacht vertauschte, um sich nur einige Jährchen in diesem Rahmen der Segelei wohlzufühlen. Plötzlich aber erwacht wieder das Verlangen nach mehr Beweglichkeit, Schnelligkeit, kurz und gut Rennsegelei, und zum Frühjahr schaukelt stolz vor der Boje eine neuere Rennjacht.

Die Typen unserer heutigen Jachten sind auch hervorragend gute, und besonders die Flossenkieler von 7—8 und 9 Segellängen sind einfach ideale Fahrzeuge für denjenigen, der persönlich die Ruderpinne führen will. Der Anschaffungspreis und Unterhaltungskosten sind noch nicht zu hoch; sie sind absolut sichere und sehr schnelle Jachten und ermöglichen durch ihren Tiefgang die Verwendung in den meisten Segelrevieren, und vor allem: man kann diese Fahrzeuge in jeder freien Stunde benutzen, was bei den ganz großen Rennern nicht immer der Fall ist. Z. B. die Boote von 7—8 Segellängen, elegante schmale Bootchen, und von 9—10 Meter Länge, 1,3 Meter Tiefgang, sind schnell getakelt, zwei Mann genügen zur Bedienung, die Segeltour kann beginnen.

Unsere großen Jachten dagegen verlangen eine ganz andere Aufmachung, sie schwimmen nur in tiefem Wasser, in den Hafenstädten, also nur auf See, sie tragen eine zahlreiche Besatzung nebst Kapitän, und der Besitzer steuert selten seine Jacht. Dies sind selbstverständlich ganz andere Verhältnisse, viel vornehmere, viel reichere Ausstattung dieser Fahrzeuge, ganz andere Dimensionen wirken hier und repräsentieren so die pekuniären Verhältnisse ihrer Eigner. Sieht man so eine große Jacht unter dem Preß ihrer Segel draußen auf blauer Flut vor dem smaragdgrünen Wasser der Kieler Föhrde, so kann sich das Auge nicht satt sehen an der stolzen Schönheit dieser Gebilde, und wenn im Großtopp einer daherrauschenden eleganten weißen Schonerjacht der rote brandenburgische Adler in weißer Flagge sichtbar wird, so wissen wir, das ist die stolze Kaiserjacht „Meteor", und an Bord befindet sich der hohe Eigner, der energische Förderer des deutschen Segelsports, unser geliebter Kaiser.

Willy Stöwer.

* * *

Wer sich erst mit Boot und Elementen vertraut gemacht hat und als deren Herr fühlt, der wird unwillkürlich zu dem Wettsegeln, einem unserer vornehmsten sportlichen Kämpfe, hingezogen. Vornehm nicht da, wo das große Portemonnaie allein die ausschlaggebende Rolle spielt, sondern da, wo erfahrene Sportsmen in Wind und Wetter um den heißumstrittenen Lorbeer ringen.

Während man früher in seiner Kreuzerjacht noch mit Aussicht auf Erfolg Regatten bestreiten konnte, ist augenblicklich durch die heiße Konkurrenz in allen Ländern, in denen Segelsport getrieben wird, eine Spaltung der Bootsklassen in Renn- und Kreuzerjachten eingetreten.

Die Rennmaschinen sind lediglich zum Wettsegeln gebaut, unter Wegfall jeder Rücksicht auf Bequemlichkeit und Wohnlichkeit an Bord.

Der Bootskörper ist so leicht, wie es die Haltbarkeit irgend gestattet, konstruiert, doppelte und dreifache ganz schwache Beplankung auf einem dünnen Spantengerüst erlauben hier an Gewicht und damit an Wasserverdrängung zu sparen. Diesen Überschuß an Leichtigkeit kann man dazu ausnutzen, ihn als Blei zur Erhöhung der Stabilität an den Kiel zu hängen.

Ebenso sind Spieren, stehendes Gut und alle Eisenteile mit Rücksicht hierauf so leicht wie möglich gehalten.

Hat solche Rennjacht ein oder zwei harte Segelsaisons hinter sich, so ist der Bootskörper überanstrengt. Der ungeheure Segeldruck, mit dem das Boot durch den Seegang stampft, beansprucht diese Teile in höchstem Grade.

Daher kommt es, daß solche Boote dann undicht werden, und da mittlerweile schon wieder neue, noch raffiniertere Typs entstanden sind, so kann man das schwer verkäufliche Boot zum alten Eisen legen und wieder neu bauen.

Diese Zustände sind ja sicher der hohen sportlichen Entwicklung des „Schnellsegelns um jeden Preis" äußerst förderlich, erfordern aber einen solchen Geldaufwand, daß sogar Englands sportliebende Millionäre nicht mehr mittun wollen, sondern durch Einschränkungen des Meßverfahrens die Boote in bestimmten Grenzen wieder wohnlich und gemütlich zu machen versuchen.

Aber auch schon in Deutschland, wo die Mittel doch nicht so reichlich sind, hat man zur Einrichtung besonderer Kreuzerklassen greifen müssen, in denen ältere und Tourenboote unter sich starten. Man glaube jedoch auch hier nicht auf leichte Konkurrenz zu stoßen, da auch hier in beiden Klassen ein vorzügliches Material vorhanden ist, mit dem deutsche Segler unsern Sport ehrenvoll im Auslande vertreten haben.

In einer Beziehung hat für Deutschland dieser Bau von Rennmaschinen auch eine günstige Seite gehabt: die „Kleinen" haben an Schnelligkeit so viel gewonnen, daß sie bei nicht zu hartem Winde besonders auf Binnengewässern annähernd mit den „Großen" mithalten, ja oft diese sogar nicht nur an berechneter Zeit, sondern an absoluter Geschwindigkeit geschlagen haben. Dieser Umstand erhöhte das Interesse an diesen Booten, die viel billiger sind, was viel zu ihrer Vermehrung beitrug, wodurch die Rennen wieder schärfer umstritten und ungemein spannend wurden.

Bei solchen Wettkämpfen entscheidet fast immer die bessere Hand am Ruder. Nun werden diese Boote

Die Kaiserliche Schonerjacht Meteor.

fast lediglich von Amateuren gesteuert und bedient, was natürlich für eine vorzügliche Ausbildung von Steuerleuten und Jachtseglern überhaupt unendlich mehr beiträgt, als wenn eine englische Mannschaft unter einem professionellen Jachtkapitän auf einem großen Rennkutter Regatten gewinnt.

Unsere höchsten Mitglieder des Herrscherhauses haben gerade diesem Sport in kleinen Booten ihr volles Interesse entgegengebracht, und oft genug rauschte die schnelle „Gudruda" Sr. Kgl. Hoheit des Prinzen Heinrich unter persönlicher Führung ihres hohen Eigners auf der blauen Kieler Bucht als Sieger nach heißem Kampfe durch die Ziellinie. Wahrlich ein Vorbild für jeden deutschen Jachtsmann. Schwamm doch auch die kleine Rennjacht „Samoa" Sr. Majestät des Kaisers vor der Potsdamer Matrosenstation; diese war dazu bestimmt, auch an den Binnenregatten auf Havel und Müggel teilzunehmen. Sie hat mit Anstoß dazu gegeben, daß die kaiserlichen Söhne, an der Spitze Se. Kaiserl. Hoheit der Kronprinz, mit ihm die Prinzen Eitel Friedrich und Adalbert dem schönen Sporte huldigen und zwar in der Sonderklasse, die gerade am meisten sportliches Können verlangt.

Dem deutschen Segelsport wird dieses freudige Vorbild ein neuer Ansporn sein!

Zwei Bootstypen rangen in den kleinen Klassen um den Preis, der schmale Wulstkieler, mit schmalem kanoeartigen Rumpf, dessen verhältnismäßig geringe Segel er nur durch einen tiefgelagerten Bleiwulst tragen kann, und die platte Flunder, in der lediglich die Breite die großen Segel tragen hilft.

Während ersterer unkenterbar ist und schon gehörig Wind und Welle vertragen kann, erfordert das Segeln in böigem Wetter auf einer Flunder (Fig. 47) einen sehr guten Mann am Ruder. Trotzdem können die Insassen einmal ein nasses Bad nehmen. Die meist mit Luftkästen versehenen Boote schwimmen dann vergnügt mit dem

Bauche nach oben, manchmal ohne daß sich die Mannschaft bei genügender Gelenkigkeit nasse Füße gemacht hat.

Leider ist durch Bestimmung des Segler-Verbandes dies instruktive Fahrzeug von seinen Wettfahrten ausgeschlossen. Der Wulst-, später Flossenkieler beherrscht ausschließlich das Feld der Rennjachten.

Natürlich erscheinen von Jahr zu Jahr Neukonstruktionen, die immer feiner ausgerüstet sind; jedoch

Fig. 47. „Flunder" bei frischer Brise.
(Halber Wind.)

scheint augenblicklich ein gewisser Stillstand wenigstens in der Bootskonstruktion eingetreten zu sein.

Unsere großen, auch im Ausland rühmlichst bekannten Bootswerften, vor allem z. B. „Oertz" und „v. Hacht" in Hamburg, konstruieren und bauen erstklassige Rennjachten, ohne sich im geringsten an ein Schema zu binden. Schmal und tief, flach und breit oder Mitteltyp, wie man sie haben will. Gerade darin haben unsere Jachtwerften seit den letzten Jahrzehnten einen enormen

Fortschritt gemacht. Früher hatte jeder Bootsbauer sozusagen einen Leisten. Die Boote wurden da auch manchmal ein bischen länger oder breiter und tiefer gebaut, aber im Prinzip waren sich die Boote jeder Bootsbauerei doch sehr ähnlich.

Von der Erlernung des Wettsegelns.

Wettsegeln ist eine Kunst. Vorbedingungen zum Erlernen sind eine reiche Segelerfahrung, gute Nerven, sichere Hand, Geistesgegenwart und Entschlossenheit.

Wie alle Künste kann man sie ebensowenig wie Rennreiten, Tennis oder Geigenspielen aus Büchern lernen. Eine sichere Segeltechnik läßt sich wohl erlernen, aber dann fängt ja erst die „Segelkunst" an. Das Mitsegeln von Regatten auf anderen hervorragend geführten Jachten, Beobachtung des Steuernden, Gespräche nach dem Wettkampf über dies oder jenes Wohlgelungene und über Sachen, die man besser unterlassen oder anders hätte machen sollen, fördern das Verständnis und stärken die Urteilskraft in seglerischen Angelegenheiten. Wenn man dann selber die Pinne führt, wird der unbefangene Beurteiler, der nicht alle Mißerfolge auf andere Zufälligkeiten abwälzt, sondern sich selbst an die Nase faßt, bald merken, wo es ihm noch fehlt. Die Praxis ist hier die einzige Lehrmeisterin, aus der heraus wir einige Anleitungen geben wollen.

Eigenschaften einer Rennjacht.

Fast alle Regatten werden am Winde, also beim Aufkreuzen entschieden. Führer und Boot werden hierbei der schwierigsten Prüfung unterzogen. — Bei raumem Wind laufen auch Fahrzeuge, die sonst von einem Segelboot himmelweit verschieden sind; so möchte ich beispielsweise die kleinere Jacht sehen, die auf raumem Kurs eine richtig besegelte und geführte lange Tourenrudergig, wie man solche öfters unter Segel sieht, schlüge. Diese schlanken langen Boote mit ihrer geringen Wasserverdrängung und ihren feinen Linien können raumschots ganz unheimlich laufen. Am Wind sind sie aber trotz eingebauten Schwertes nur recht minderwertige Segler und büßen den Vorsprung, den sie vorher gewonnen haben, in kürzester Zeit wieder ein.

Der ganze Scharfsinn von Konstrukteur, Bootbauer und Segelmacher wird angewendet, um Schnelligkeit und Höhe am Winde zu erreichen. Ist dies bei einem Fahrzeug erreicht, so hat es auch raumschots genügende Geschwindigkeit, um zum Rennboot befähigt zu sein.

Der Mann am Ruder.

Dementsprechend wird auch die größte Segelkunst am Winde bewiesen, hier zeigt besonders der Mann am Ruder seine Qualität als solcher. Gewiß müssen die Erbauer des Fahrzeuges die Grundlage für ein gutes Fahrzeug gelegt haben — dem toten Material wird aber der Führer des Bootes erst seinen Geist einhauchen. Es gibt Segler, die mit einem Boot gewinnen, wahrscheinlich aber auch ein anderes derselben Klasse ebenso zum Siege gesteuert haben würden. Sie gleichen dem berühmten Finishreiter, Jockei Fred Archer, der nach gewonnenem Derby sagte, er hätte es auf jedem der ersten drei Pferde gewonnen. Die Wettfahrten der Sonderklasse müssen hierüber jedem, der sehen will, die Augen öffnen: der Natur der Sache nach müßte dabei als Sieger nicht das Boot, sondern die Namen der Mannschaft, speziell der des Mannes am Ruder veröffentlicht werden.

Trimmen des Bootes.

Eine Hauptursache der Siege liegt also sicher in der guten Führung am Winde, aber es sprechen noch zahlreiche andere Dinge mit, von denen wir hier einige berühren wollen.

Zunächst muß jedes Boot, ähnlich wie ein Rennpferd, fit gemacht werden. Darunter versteht man vor allem anderen, daß Boot und Segelfläche in Harmonie gebracht werden. Durch viele Übungsfahrten bei allen möglichen Windstärken wird der Führer kennen lernen, unter welchen Segeln und Segelstellung, Verteilung des lebenden und beweglichen Ballastes seine Jacht am schnellsten ist. Oft verbessern scheinbar geringfügige Änderungen die Segeleigenschaften eines Bootes in hohem Maße. Man stellt hierbei auch fest, in welchem Verhältnis zueinander Vor- und Hintersegel gerefft werden müssen, damit das Fahrzeug auch bei scharfer Brise und starken Krängungen richtig am Ruder liegt.

Hier spielt persönliches Gefühl, ich möchte es Instinkt nennen, eine große Rolle. Während dem einen die durch die Wellen dahinjagende Jacht gar nichts zu verraten hat, erzählt sie dem andern ihre ganzen Gebrechen und kleinen Leiden. Diese sind oft nur schwer erkennbar, und oft gehört eine ganze Segelsaison dazu, die richtige Diagnose zu stellen. Daher sind oft Neubauten erst im zweiten Segelsommer völlig fit und heften Siege an ihre Flagge, während sie im ersten Waffengange erfolglos blieben.

Unbedingt festzustellen ist auf einer Schwertjacht bei diesen vorbereitenden Fahrten: wieviel Schwert man dem Fahrzeug am Winde bei den verschiedenen Windstärken geben muß; dies ist eine äußerst beachtenswerte Sache. Trotzdem findet man häufig, daß schematisch und sinnlos am Winde der Schwertfall bis zum äußersten gefiert wird, ohne Prüfung, ob Fahrzeug und Windstärke dies verlangen. Man macht sich am besten am Schwertfall entsprechende Marken durch Einschießen buntfarbigen Garnes.

Viele Segler bedienen sich auch solcher, um die Stellung der Schoten beim Kreuzen festzulegen, natürlich nachdem sie dies eingehend ausprobiert haben. Ich bin von diesem einst geübten Verfahren wieder abgekommen. Man richtet sich nachher sklavisch nach diesen Zeichen, ohne sich an Boot und Wind zu kehren, anstatt mit offenem Auge beide zu beobachten.

Die Segel.

Durch gutes Segelsetzen sind auch schon viele Wettfahrten gewonnen worden. Unsere deutschen Segelmacher haben gerade in den letzten Jahren außerordentliche Fortschritte im Fertigen flachstehender Segel gemacht. Diese muß man aber auch richtig setzen können. Zuerst setzt man immer die Vorsegel, der Winddruck wirkt bei ihnen direkt auf den Fall und man bekommt letztere nie so steif gesetzt, wie es der Zug nach hinten des später gesetzten Großsegels bewirkt.

Das Nachrecken der Vorsegelfälle und des Piekfalls im Laufe einer Wettfahrt ist ein nicht genug beachteter Mißstand, dem ein aufmerksamer Mann am Ruder in geeigneten Augenblicken abzuhelfen versteht. Geht beispielsweise nach einer Amwindtour der Kurs raumschots, so sind die Stage und Vorsegelfälle meist lebend (lose), da der Druck des Windes den Mast nach vorn überlegt, dies benutzt man, um mit Leichtigkeit die Vorsegelfälle nachzusetzen, natürlich mit einer gewissen Vorsicht, damit nicht die Stage, welche ja auch den Mast stützen sollen, völlig entlastet werden und der ganze Zug des Mastes nachher am Wind auf den Vorsegelfällen allein ruht, was leicht zu unangenehmen Havarien führen kann. Das Großsegel setzt man glatt und streckt dann den Piekfall bis ganz leichte Runzeln sich zwischen Gaffel und Hals des Segels zeigen. Bei kleineren Jachten ist darauf zu achten, daß der Hals durch ein Talje gut nach unten geholt und nicht bloß durch die Schwere des Baumes nach unten gezogen wird. Das Mastliek des Segels wird hierdurch recht glatt gesetzt und man vermeidet die kleinen Ausbauchungen, die am Mastliek oft vorhanden sind und entstehen, wenn, zumal bei scharfer Brise und raumschots, durch den Zug des Segels, der Hals mit Baum etwas in die Höhe gehoben ist. Je stärker die Brise ist, desto steifer müssen die Fälle gesetzt werden, es biegen sich dann nämlich Mast und Rundhölzer, wenn auch in geringem Maße, durch und lassen das Segel nicht mehr so glatt stehen. Wer sich davon überzeugen will, lege sich mal bei guter Vollzeugbrise an Deck dicht an den Mast und sehe diesen entlang in die Höhe, er wird über den Grad des Durchbiegens erstaunt sein. Gerade dieser Durchbiegung zu begegnen, die dem flachen Stehen des Segels so hinderlich ist, hat man den kleinen Stag mit kurzer Spreizung vor dem Mast eingeführt, wodurch das Übel ziemlich gehoben wird.

Die Mannschaft.

Bei diesen Versuchsfahrten macht man sich auch klar, wo am Wind und raumschots die Mannschaft lagert, um der Jacht die beste Schwimmebene zu geben. Ein sehr wichtiges Moment ist, daß am Winde unnütz kein Mann dem Winde, der hier an allen Punkten, die ihm Angriffsfläche bieten, rückwärts zieht, eine größere Fläche bietet, als unbedingt nötig ist; jenes theatralische Umherposieren von Leuten hoch an der Luvwant, wie ein Walfischharpunier, der auf seine Beute lauert, macht schon bei einer Übungsfahrt zwar auf den Laien einen imponierenden, auf den Fachmann aber einen recht unseglerischen Eindruck; am lächerlichsten und durchaus fehlerhaft ist es aber bei einer Wettfahrt. Die Mannschaft liegt auf Deck, sprungbereit zum Manöver, nach diesem verschwindet sie wieder platt auf dem Deck. Einmal geraten dadurch die Manöver besser, anderseits läßt man so dem Mann am Ruder, den zumal in einer hart bestrittenen Wettfahrt doppelt nötigen Ausblick nach vorn, auf das Wasser und nach den Gegnern.

Die Manöver müssen gründlich und exerziermäßig geübt werden. Hierin sieht man besonders im Binnenlande noch recht, sagen wir mal, gemütliche Bilder. Dies liegt daran, daß viele Jachteigner nur zwei oder eine, manche gar keine bezahlte Hand an Deck haben; gute Freunde helfen aus, von denen manche bis dahin nur eine „Knatschfahrt" am Sonntag nachmittag mitgemacht haben; diese stolpern über ihre eigenen Beine, kennen

Fälle und Schoten nicht, haben nie gelernt ein Ende schnell und steif zu holen; wo sollen da rasche und schneidige Manöver herkommen?

Da hilft es nichts, es muß gelernt werden, man muß mit diesen „Amateurmatrosen" eben auch Übungsfahrten machen, wobei die Manöver exerziermäßig eingedrillt wer-

Fig. 48. Vor dem Wind (Spinnacker backbord).

den. Erst übe man an der Boje oder vor Anker, später in stiller Bucht, dann in freiem Wasser bei Seegang und Wind, wo es ganz anders zufassen heißt.

Man fängt naturgemäß mit dem einfacheren, Wenden, Halsen, Ballonfocksetzen an und endigt mit dem schwierigen, als da sind, Runden einer Boje, Spinnackersetzen auf einer Seite, oder Spinnacker umschiften, oder bergen vor einer Wendeboje zum Aufkreuzen. Gerade letzteres ist ein äußerst wichtiges Manöver: Der Spinnacker (Fig. 48) muß bis zum letzten Augenblick stehen und dann wie weggezaubert verschwinden, der Baum aufgetopt sein und die Mannschaft wieder platt auf dem Deck liegen. Man erreicht hierdurch oft einen guten Platz im Felde bei der nun beginnenden Kreuztour, der manchmal für den Ausgang der ganzen Wettfahrt entscheidend ist, zumal wenn man einem gefürchteten Gegner entwischt ist, der einen sonst durch „luffing matches" sozusagen in den „Schwitzkasten" nimmt.

Am Winde.

Am Winde entscheiden sich die Rennen. Wie man seine Jacht dabei zu steuern hat, das wird man nicht aus den dicksten Folianten lernen, sondern nur zwischen Wind und Wasser. Man richte sich dabei nur nach seinem eigenen Gefühl ohne sich an die andern zu kehren. Dazu will ich ein kurzes Geschichtchen erzählen: Wir hatten, eben vor flauem Wind ankommend, die Boje gerundet und es ging ans Kreuzen, vor uns, auch auf dem Steuerbordschlage, lag unser härtester Gegner. Am Ruder bei uns war ein gewiegter und sehr bekannter Rennsegler. Er steuerte nicht so hoch am Winde, wie es das Boot hätte vertragen können, sondern etwas raumer. Auf meinen fragenden Blick erwiderte er: Der M. wird sich gleich nach uns umsehen und dann auch mehr abfallen. Kaum hatte er dies gesagt, als auch der Gegner sich umsah und seinen Kurs nach dem unsrigen änderte, sofort hielten wir höher am Winde, nach einer Minute hatten wir schon so viel Höhe gegen den anderen gewonnen, daß er den Fehler nicht mehr gut machen konnte, und wir ihm auf dem nächsten Schlage stolz in Luv vorbeigingen, das Rennen war unser!

Dies war eben eine erlaubte Finte. Man steuere ruhig den Kurs, den Boot und Wind vorschreibt, lasse dabei aber den gefährlichsten Gegner nicht aus dem Auge, um nicht plötzlich überrumpelt zu werden. Bei einem

„luffing match" denke man auch an die anderen Gegner, daß diese sich nicht als „tertii gaudentes" aus dem Staube machen können, sondern wehre sich tapfer nach allen Seiten (Fig. 49).

Bei flauem Wind und in der Richtung unsteter Brisen, dem leider nur zu häufigen Wetter bei Binnenregatten,

Fig. 49. Ein scharfer Kampf, „luffing match".
(Am Winde.)

wird der der beste am Winde sein, der es versteht, die Brisen in Richtung, Stärke und Ausdauer nach am sichersten zu schätzen. Eine äußerst wesentliche Rolle spielt hierbei die genaue Kenntnis des Segelreviers, besonders auf stellenweise durch Wald und Berge abgedeckten Gewässern. Ist es daher möglich, Übungsfahrten auf der

Rennstrecke abzuhalten, so ist dies von außerordentlichem Vorteil. Man kann sich manchmal in solchem Fahrwasser bestimmte Strecken unter Land mit halbem Wind „raufschummeln", während andere ehrlich im freien Wasser aufkreuzen müssen. Dies muß man natürlich vorher erprobt haben. Ist dies nicht möglich, so folge man dem Kurs eines Einheimischen, wobei man sich aber gelegentlich auch arg verrechnen kann.

Raumschots.

Bei raumem Wind, zumal bei frischer Brise kommen die volleren Formen des Vorschiffs zu Wasser; die Jachten werden luvgierig und zwar manche in solchem Maße, daß sie bei harten Stößen nicht auf dem Kurse zu halten sind. Der Wasserdruck wächst aber im Quadrat und macht sich hier bei der großen Geschwindigkeit ganz außerordentlich geltend, indem nämlich das Fahrzeug, das in seinen Segeln ausbalanciert auch raumschots ohne wesentlichen Druck am Ruder liegt, dessen Ruderblatt also gerade steht, einem andern, dessen Ruderblatt fortwährend in einem Winkel von 40—45° schräg und bremsend zur Fahrtrichtung steht, ganz erheblich überlegen ist. Man kann dies bei Wettfahrten deutlich beobachten: Zwei derartige Jachten liegen bei frischer Brise mit halbem Winde nebeneinander, nun kommt ein grober Stoß — beide legen sich weit bis an die Kajütenfenster über, die Jacht mit geringem Steuerdruck schießt förmlich vorwärts, die andere muß mit dem Ruder so viel bremsen, daß kein erheblicher Geschwindigkeitszuwachs gewonnen wird.

Daher lasse man lieber auf den raumen Kursen bei scharfer Brise das Großsegel zum Teil gereeft und fahre einen großen Ballon, als umgekehrt. Man achte aber auf den Mast, der Ballon hat hoch oben am Mastende einen gewaltigen Hebelarm, denselben nach vorn zu brechen, dann heißt's, „Ade, Pokal!"

Das Schwert heißt man am besten raumschots ganz. Dadurch trägt man gewaltig zur Verminderung der Luvgierigkeit bei, aber dann muß ein Mann bestimmt sein, der an der Wendemarke, wenn es ans Kreuzen geht, dasselbe fallen läßt. Dies wird zu leicht vergessen, zumal wenn das Schwert in einer Kajüte eingebaut, den Augen entzogen ist. Ich segelte selber mal mit einem ganz bekannten Segler in einer Wettfahrt bei schwerem Wind, wo wir eine Seemeile ohne Schwert kreuzten und uns über unsern mangelhaften Platz wunderten, bis uns ein Licht aufging.

Was vom Ballon gesagt ist, gilt auch vom Spinnacker. Hier heißt es keine Arbeit scheuen, die auch nur eine Sekunde einbringen kann.

Am Start.

Hier suche man sich einen günstigen Platz, was gar nicht so leicht ist. Ein Mann sieht auf die Uhr nach dem Vorbereitungsschuß und ruft laut die $^1/_4$ Minuten aus, damit der Mann am Ruder genau orientiert ist. Auch das Starten will geübt sein — ein 100 Yardsläufer schrieb in einer Zeitschrift, daß er $3^1/_2$ Jahr täglich 200 mal den Start dazu geübt habe — so schlimm braucht man es nicht zu machen, aber es gehört Übung dazu, Zeit und Fortgang des Bootes so in Einklang zu bringen, daß man eine Sekunde nach dem Startschuß an gutem Platz und mit fliegender Fahrt durch die Linie stürmt, wie es das Ideal ist.

Hoffen wir, daß Äolus dem neuen Jünger hold ist und die im ehrlichen Wettstreit errungenen Cockpitschilde und Ehrenpreise ihm Boot und Heim schmücken.

Dem jungen Rennsegler nun ein

„Gode wind!"

Am Start.

K. Behandlung und Überwinterung.

Die Behandlung der Boote und Jachten.

Wenn der Winter hereinbricht, und das Führen der Pinne keine Freude mehr macht, muß der Eigner daran denken, seine Schützlinge in das Winterquartier zu bringen und damit zu der wichtigen Pflege seines Bootes usw. übergehen.

Erste Regel ist, man lasse sich dazu nicht den Winter über den Hals kommen, sondern packe zu rechter Zeit ein!

Man hänge die gut getrockneten Segel so auf, daß die Luft überall heran kann; auch für Luftzug im Schuppen muß gesorgt werden. Feucht darf der Schuppen nicht sein, sonst stellen sich Stockflecke, jene verhaßten, weil nicht zu entfernenden Schandmale, ein. Beim Abschlagen der Segel merke er sich die verschiedenen Stiche und zeichne sie sich eventuell ab.

Das Tauwerk wird lose aufgeschlossen über Stangen usw. gehängt. An jedes Tau wird ein Zettel angebunden, der die Bestimmung des Taues angibt; im Frühjahr erntet man die Frucht dieser Fürsorge.

Den Mast, sowie die Rundhölzer lege man auf so viel Unterlagen, daß sie sich nicht werfen.

Das kleine Gut, wie Blöcke usw., hänge man, so weit es geht, übersichtlich auf und lege den Rest in nicht zu kleine Kasten. Alles Tuch, sowie Tauwerk und kleines Zeug muß absolut trocken in den Schuppen kommen. Sollte dieses nicht möglich sein, so revidiere man täglich die Sachen, und hänge sie so lange um, bis alle Feuchtigkeit verschwunden ist. Aber selbst dann versäume man nicht, von Zeit zu Zeit das ganze Zeug zu besehen.

Das Boot oder die Jacht.

Beide muß der Eigner auf das Land bringen. Ist das Boot kleinerer Form, so nehme er eine Anzahl Leute oder Freunde zu Hilfe und ziehe es auf die Stelle, die er zur Aufstellung erwählt hat, heraus. Größere Fahrzeuge muß man mit Scherzeug herausholen. Man legt sich dazu eine Bahn aus zwei nebeneinandergelegten Bohlen und besorgt sich vier, etwa 2 m lange Rundhölzer, die als Walzen dienen. Die Bohlen müssen so weit ins Wasser reichen, daß das Boot oder die Jacht aus dem Wasser sich auf der ersten Walze lagern kann. Die Trosse legt man an einen recht festen Gegenstand, am besten an einen Baumstamm an, indem man den Flaschenzug — solcher ist unbedingt erforderlich — an ihm sicher befestigt. Ein starkes Tau wird an dem Flaschenzuge, wie an der Jacht möglichst tief angebracht, und nun ohne scharfe Rucke das Boot langsam herausgeholt. Dabei muß darauf gesehen werden, daß stets neue Walzen untergelegt werden, so daß das Boot nicht schleift, sondern auf 2—3 Walzen rollt. Ein bis zwei Mann halten das Boot eventuell an einer wagrecht daraufgebundenen Spiere in der Wage, damit es nicht umkippt.

Die Unterbringung des Bootes usw. ist nicht so einfach. Das günstigste ist der Bau eines kleinen einfachen Bootshauses, dessen Herstellung auf dem Lande keine Schwierigkeiten haben möchte. Es muß natürlich so hoch über dem Wasser stehen, daß Überschwemmungen, Eis usw. nicht herankommen können; einige Luken, die der Luft, nicht aber dem Regen Zutritt gewähren, müssen vorgesehen werden. Der Schuppen muß möglichst so breit sein, daß er an beiden Seiten Platz für die Arbeit am Boote gewährt.

Wer einen Platz am Ufer verfügbar hat, aber keine Schuppen bauen kann, der decke sein Boot nach der gründlichen Reinigung mit Persennings oder auch mit

Dachpappe, die man so sicher befestigt, daß selbst ein Sturm sie nicht abreißen kann, regendicht ein, und revidiere von Zeit zu Zeit, besonders nach schlechtem Wetter den Stand. Den Mast und die Rundhölzer stelle man im Freien auf, so daß sie in der Mitte Anlehnung haben.

Für die Taue und Riemen lasse man sich einen mit Zinkblech beschlagenen Segelkasten bauen, genau nach der Größe der Segel. Breite und Tiefe von ca. $1/2$ m genügen. Der Kasten muß über der Erde stehen, damit die Feuchtigkeit und Mäuse nicht eindringen, diesen revidiere man öfters, da die Mäuse leicht Unheil anrichten können.

Im Winter.

Nach dem Abtakeln und dem Einstauen der Sachen in das Winterquartier kann der Eigner die Verbesserung, alle Fehler des Bootes, die Mängel der Takelage und andere Wünsche, die zur Verbesserung des Bootes, der Stauräume, wie der Kajüte usw. ihm nötig erscheinen, langsam in Angriff nehmen, und welcher wahre Segler hätte nicht Füllhörner voll Pläne, die er zum Winter mit hinübernimmt! Jetzt hat er Zeit, solche zu ordnen, die Kosten zu überschlagen, mit Sportgenossen die Dinge zu beraten, sich mit Firmen in Verbindung zu setzen, Vorsorge — rechtzeitige! — für die Beschaffung der Werkzeuge, des Firnisses, der Lacke, des Dichtzeuges usw. zu treffen.

Die Namen der Firmen, die gern Preislisten senden, erfährt der Besitzer aus dem Anhang dieses Buches, sonst auch aus der oben schon erwähnten vorzüglichen Segelzeitschrift „Die Yacht", Berlin SW. 19.

Das Kalfatern des Bootes usw.

Jede Jacht, jedes Boot muß aus dem Winterlager in strahlender Schönheit, wie Venus aus den Wellen erstehen.

Es ist nicht nur der Hang zur Schönheit, sondern auch die Sorge um Erhaltung des Fahrzeuges, die den

Eigner zur jährlichen sorgfältigsten Erneuerung des Bootes usw. treibt, denn man kann dreist behaupten, daß ein vernachlässigtes Abschaben des Bootes und eine unterlassene Tränkung mit Firnis usw. dieses mehr mitnimmt, als jahrelanger sachgemäßer Gebrauch.

Man beginnt mit der Arbeit, sobald das Wetter ermöglicht, im Freien zu arbeiten.

Die erste Arbeit ist die lästigste, das Abschaben des alten Lackes. Man koche dazu eine Brühe von Soda und Seife und verdünntem Salmiak, reibe mit scharfer Bürste und Lappen die lackierten Stellen tüchtig ab und helfe dann mit Schrapern und Glas tüchtig nach, bis das Holz rein ist, und spüle darauf alles öfter mit reinem Wasser sauber ab, da sonst die Lauge weiterfrißt. Wie das Boot, behandelt man auch die Masten, Rundhölzer und Riemen.

Ist das Boot usw. völlig rein gekratzt und gewaschen, so beginne man mit dem Dichten, am besten mit Lampendocht, d. h. dem runden losen luntenartigen Baumwollendocht, den man, wo es nötig ist **sehr vorsichtig**, um die Planken nicht auseinander zu treiben, mit Dichteisen und Dichthammer in die Fugen zwischen den Planken einschlägt.

Der Anstrich.

Wenn das Boot vollständig trocken ist, kann man, falls das Gefährt sich in überdachtem Raume befindet, mit dem Anstrich jederzeit beginnen. Sollte es aber in Freiem lagern, so ist es unbedingt erforderlich, daß das Wetter sicher trocken ist; sonst ist der Anstrich nicht haltbar, da feuchtes Wetter, besonders Regen, ihn nicht nur unansehnlich macht, sondern ihn geradezu verdirbt. Daher ist es gut, die Vorarbeiten — Waschen, Schrapen und Trocknen — so zeitig vorzunehmen, daß man die Zeit zum Streichen wählen kann.

Die erste Arbeit ist ein Tränken der Holzteile mit Firnis, denn der Firnis ist für das Holz ein vorzügliches Bewahrungsmittel.

Ist dieser 1—2 malige Anstrich getrocknet, so beginnt man mit dem Lackieren. Die Güte des Lackes steht wie alles in der Welt im Verhältnis zu seinen Kosten; auch hier gilt der Satz: Je teurer, desto haltbarer. Man streicht die Boote so lange mit reinem Lack, als das Holz noch gut ist. Sieht solches schon mitgenommen und geflickt aus, so streiche man das Boot in nicht zu grellen Farben. Weiß sieht recht stilvoll aus, erfordert aber große Sauberkeit und jährlich mindestens 2maligen neuen Anstrich. Rot war eine Zeitlang eine sehr fashionable Farbe. Es empfiehlt sich, dem Fahrzeuge einen oder zwei Goldränder zu geben, die man im Laufe der Saison mehrmals erneut.

Das Innere streicht man bei Dingys in einer Farbe; das Deck immer mit etwas gebrochenem Weiß.

Die Jollen streicht man innen ebenfalls mit heller Farbe, die Duchte und Fußbretter aber meist dunkel.

Die Jachten streicht man in den oben angegebenen Farben, das Deck mehrmals im Jahre. Auf diesem gehe man deshalb nicht mit Stiefeln herum, sondern betrete es nur mit Schuhen, die Gummisohlen haben und halte es fleißig unter dem Schwabbel. Das Innere von Kajüten wird am praktischsten weiß gestrichen, sollten nicht lackiertes Mahagoni und andere Luxushölzer vorherrschen.

Ist das Deck in Lack gehalten, so verpicht man die Ritzen sehr sorgfältig mit „Marineleim". Trotzdem wird dasselbe in heißen Sommern nicht ganz dicht gehalten werden können, was sehr unangenehm für verstaute Sachen werden kann. Gibt man weniger auf Eleganz als auf trockene Stauräume, so beklebe man das Deck mit 20—30 cm breiten Streifen nicht zu starker Leinwand. Diese muß an den Webekanten ca. 2 cm dachförmig übereinandergreifen. Als Klebemittel ist steifgekochter Dextrin zu empfehlen. Alsdann überstreiche man die Leinwand mit dünner Ölfarbe mehrmals und wird dann nie über eindringendes Wasser zu klagen haben.

Ist alles, auch die Rundhölzer, getrocknet, so kann

das Gefährt zu Wasser gelassen werden, was viel leichter zu bewerkstelligen ist, als das Herauswinden; immerhin sehe man sich vor, daß Kiel oder ein nicht ordentlich geheißtes Schwert sich nicht im Sande eingraben.

Man hat inzwischen die Segel untergeschlagen, das stehende Gut eingesetzt, die Taue und Enden angesplisst und eingeschoren. Etwa schmutzig gewordene Segel sind vorher gewaschen worden.

Nun wird der Mast gesetzt, die Segel gehißt und so lange getrimmt, bis sie tadellos stehen, und dann die ganze Jacht segelfertig und fit gemacht.

Die Boje, an der die Jacht lag, wird, wenn sie Winters eingezogen worden war, gestrichen, wieder ausgelegt und das blitzblanke Schiff an ihr vertäut.

Mancher Sterbliche wird sich vielleicht durch die Menge der Arbeit von unserm Sport abhalten lassen. Wir können ihn aber beruhigen, indem wir ihm mitteilen, daß sämtliche Arbeiten an einigen Tagen im Frühjahr neben sehr schweren Berufsarbeiten geleistet wurden. Einige Stunden der Kneipe und dem Skat geraubt, genügen dazu vollkommen und werden durch diese vergnügte Arbeit gut ausgefüllt.

Allerdings, Liebe zum Dinge macht alle Arbeit geringe, auch beim Segelsport. Die meisten Arbeiten macht der passionierte Segler mit Lust und überläßt sie außer den ganz rohen Arbeiten des Kratzens usw. nicht einmal gerne anderen Händen, ebenso wie der echte Weidmann seine Patronen selber macht und seine Hunde selber abführt, der Sportsman seine Pferde selber trainiert, der Amateur seine Photographien selber entwickelt.

Die Werft.

Jeder Segler muß sich einen kleinen Werkzeugkasten halten, um die Reparaturen auszuführen, die er an seinem Boote im Laufe des Jahres auszuführen hat, ohne den Bootsbauer zu belästigen, das Notwendigste ist:

An Werkzeug: Hand-, Spitzsäge, Stemmeisen,

Hammer, Beil, Dichteisen und Dichthammer, Kratzeisen, Stahl-, Reisbürsten, Eimer und Schwabbel, Streichpinsel, etwa ein halbes Dutzend mehrerer Größen, Laterne (runde Glaslaterne), Anker und Tau (Kette), Boje mit Anker.

An Vorräten: Einige Sorten Nägel und geglühter Draht, Dichtwatte oder Werg, Firnis (in großen Blechflaschen), Lack im Vorrat, Farben, Terpentin, Spiritus, Blech, leere Konservenbüchsen oder Töpfe zur Farbe, Bohlen und Latten, Pech und Tiegel zum Kochen.

Man halte sich eine Reserve an Rudergabeln, Coffeynägeln, Tauwerk, Schiemannsgarn.

Zu den Touren: Laternen (weiße und rot-grüne), zwei gute Spirituskocher, eiserne Töpfe und Tiegel zum Kochen, Geschirr von Emaille.

L. Schlittensegeln.

Eine der herrlichsten Vergnügungen, die wir auch Amerika verdanken, ist der besonders in Kanada betriebene Segelsport im Schlitten, mit dem man in rasender, mit der Eisenbahn konkurrierender Geschwindigkeit über die Eisflächen saust! Man fliegt dabei aber nicht etwa wie ein Luftballon willenlos mit dem Winde, sondern kann das Gefährt genau so lenken, wie eine gute Segeljacht. Man vermag am Winde, raumschots zu fahren, und natürlich auch zu kreuzen, so daß man also jede

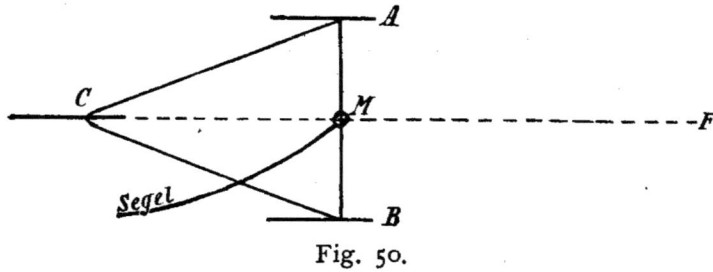

Fig. 50.

beliebige Strecke abfahren kann. Das System als solches ist sehr einfach. Man denke sich (s. Fig. 50) ein gleichschenkliges Dreieck, an dessen drei Spitzen A, B, C drei, nach der Grundlinie zeigende Schlittschuhe parallel zueinander angebracht sind. Setzt man nun in die Mitte der Grundlinie auf Punkt M einen Mast mit Segel, so muß das Gefährt, wenn der Wind auch nur mit 45^0 schräge gegen die Segel weht, sich in der Richtung $M-F$ vorbewegen. Macht man den Schlittschuh unter Punkt C beweglich, so daß er drehbar als Steuer wirkt, so ist es klar, daß man in jeder beliebigen Richtung

Einfacher Segelschlitten auf dem Eise der Havel.

fortzukommen in der Lage ist. In Wirklichkeit wird dieses Dreieck je nach der Größe der Bootssegel, die man besitzt (denn diese benutzt man dazu), aus leichten Balken oder aus stärkeren Bohlen hergestellt, die man zu dem Dreieck zusammenfügt. Die beiden Schlittschuhe bei A und B läßt man sich vom Schmied machen. Sie werden etwa 1 cm breit aus Eisen oder Stahl gefertigt

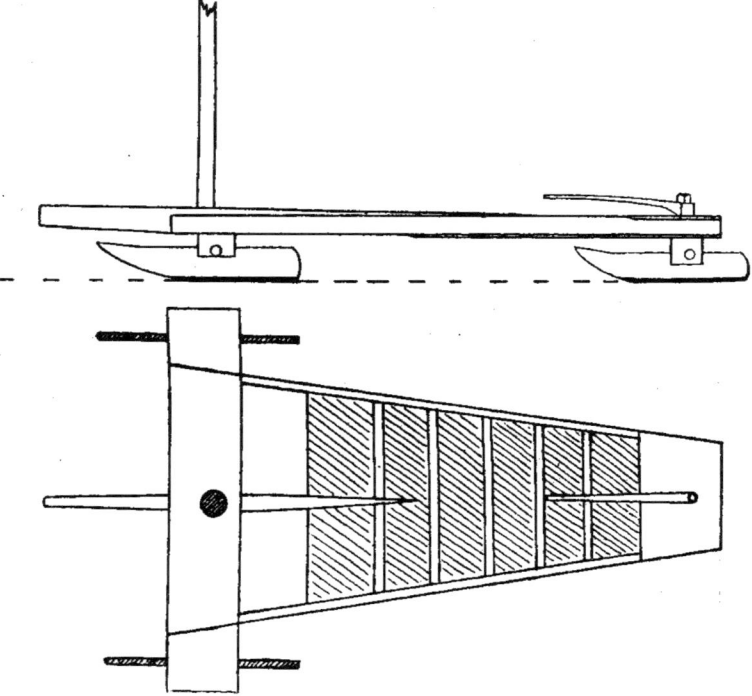

Fig. 51. Segelschlitten mit beweglichen Kufen.

und unten dreikantig, um tiefer in das Eis einschneiden zu können, gefeilt. Sie sind etwa 0,5 m lang und müssen so weit unter dem Gestell gehalten werden, daß dieses nicht gegen jedes kleine Hindernis anrennt. Das Ruder bei C muß natürlich fest gearbeitet sein und sich leicht drehen. Man umgebe aber die Pinne, wenn sie von Eisen ist, mit Holz oder dichter Wollumhüllung, da sonst die Hand die Kälte nicht ertragen könnte.

Man tut gut, das Dreieck mit leichten Bohlen (s. Fig. 52) zu verkleiden, auch für die Insassen eine Art Cockpit einzurichten, da bei scharfem Segeln am Winde der frostige starke Wind recht unbequem werden kann. Man stützt den Mast gern durch ein paar Wanten

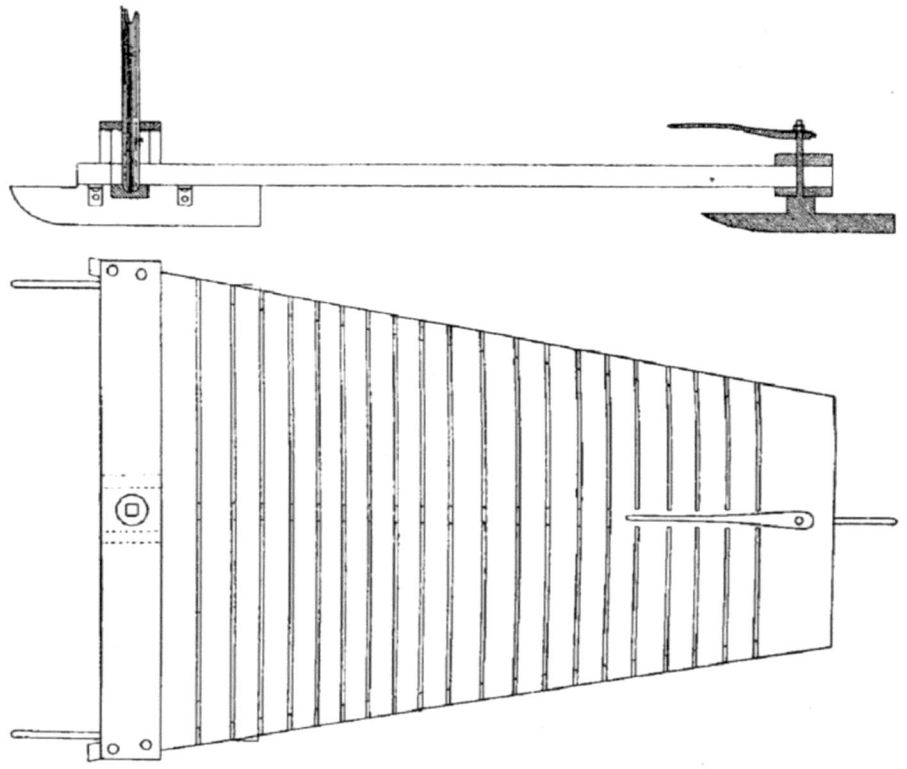

Fig. 52. Eisjacht mit festen Kufen.

und legt, falls man mit Vorsegeln segelt, ein Bugspriet vorn ein.

Eine große Menge Konstruktionen sind veröffentlicht, doch geben wir keine wieder, als die des einfachsten Baues (Fig. 51 u. 52), da die Herstellung eine überaus primitive ist und sich nach dem vorhandenen Material usw. richtet. Wir bemerken nur, daß einige Schlittenbauer nur ein

Kreuz aus den Linien AB und MC aus Holz fertigen, und die Punkte AC und BC durch Stahldraht mit Wantenspannern herstellen. Andere wieder machen den Schlitten zum Auseinandernehmen, um von einem See zum anderen gelangen zu können. Wie angedeutet, vermag jeder einigermaßen helle Kopf sich solchen Schlitten mit Hilfe einiger Handwerker (bezw. Stellmacher) selbst zu bauen. Niemand aber, der in der Nähe eines Sees wohnt, sollte es unterlassen, sich diesem herrlichen Sporte hinzugeben! Selbst ein leichter Schnee, der auf dem Eise liegt, hindert den Sport in keiner Weise.

Bei dem Segeln selbst ist folgendes zu beachten: man kleide sich warm und besonders mit warmen Handschuhen an. Das Ruder muß sehr fest gehalten werden, da der Schlitten sofort mit unglaublicher Geschwindigkeit dem leisesten Druck des Steuers nachgibt und dann beim Wenden so heftige Bewegungen macht, daß die Insassen, die sich nicht ganz fest an den Schlitten halten, herausgeschleudert werden und bei glattem Eise und scharfer Fahrt oft 20—30 Schritte auf dem Eise rutschen, ehe sie aufzustehen vermögen, während der Schlitten in rasender Eile davonfliegt, bis irgendein Hindernis ihn bändigt.

Diese Schnelligkeit der Fahrt und die Ungeniertheit, mit der der Schlitten sich seiner Last entledigt, macht es gefährlich, gegen harte Gegenstände aufzurennen; man habe deshalb die Augen offen und vermeide gegen Packeis, Eisschollen (wie sie z. B. die Fischer aufstellen) und ähnliche Dinge zu laufen, weiche diesen vielmehr sorgsam aus! Der Schlitten gehorcht wie gesagt dem Steuer fast momentan und steht still, sobald man ihn gegen den Wind stellt.

Da auch hier Probieren über Studieren geht, so raten wir solchen, die ferne von Bootsbauern wohnen, vorher Übungen an einem einfacheren Gestell zu machen und erst nach gemachten Erfahrungen sich einen Schlitten zu bauen oder bauen zu lassen, an dem der Eigner dann auch seinem Schönheitssinne Rechnung tragen kann. Gut lackiert oder in zarten Farben gestrichen und im Sommer in schattigem Schuppen aufgehoben, unter Abnahme der Eisenschuhe, wird sich der Schlitten jahrelang konservieren.

Eissegeln.

Da fliegt auf geflügelten Kufen
Übers Eis das beschwingte Gefährt,
So schnell wie des Telephons Rufen,
Von keiner Fessel beschwert.
Des Raumes stolzer Besieger,
Ein Lenker auf flüchtigem Roß,
Fühlt sich der segelnde Flieger!
Die Windsbraut, sie ist sein Genoß!
Pfeilschnell ist bald er geglitten
Weit über den Horizont fort!
Ein Hurra dem sausenden Schlitten!
Ein Hurra dem herrlichen Sport!

M. Navigation.

Das Aufblühen der Regatten an den Küsten hat es mit sich gebracht, daß die Zahl der Segler, welche, sei es als Schlachtenbummler oder Rennsegler, im Sommer die See aufsuchen, ganz bedeutend gewachsen ist.

Allen voran ist es natürlich Kiel, das mit seinem herrlichen Segelrevier und abwechslungsreichen Hafenbildern jedes Seglerherz anzieht.

Ist man mit seiner Jacht erst an der Küste angelangt, so wird man nicht widerstehen können, auch einmal die letzte Molenecke hinter sich zu haben, und in der langen Woge von der wunderbar gleichmäßigen Brise leicht übergelegt seine Reeling vom Salzwasser bespülen zu lassen.

Denn es ist und bleibt doch ein wunderbares und eigentümliches Gefühl, wenn das Land am Horizont verschwindet und ein scheinbar unermeßliches Segelterrain sich vor den Augen ausbreitet, welches man nach allen Richtungen, wie einem gerade der Sinn steht, durchqueren kann, ohne wie im Binnenlande gleich wieder seine Mannschaft durch das Kommando „klar zum Wenden" aufscheuchen zu müssen.

Diese Umstände haben es mit sich gebracht, daß der Drang nach einer Seetour immer weitere Kreise ergreift. Damit nun der Binnensegler nicht bloß mit dem Taschenkompaß bewaffnet in das Blaue hineingondelt, möchten wir ihm in kurzen Aufzeichnungen einige praktische Winke der einfachsten Navigation zur Hand geben.

Der Kompass.

Der Kompaß ist mit das wichtigste Hilfsmittel an Bord einer seegehenden Jacht, denn sobald die Küste außer Sicht ist, hängt der Segler vollkommen von ihm ab, ebenso bei überraschend auftretenden Nebeln, wie sie oft im Herbst vorkommen. Bei den neueren größeren Jachtbauten gehört er meistens schon zur Ausrüstung und ist dann gleich in einem besonderen Gehäuse im Cockpit, dicht vor dem Ruder fest eingebaut.

Bei der Anschaffung eines Kompasses sehe man nicht zu sehr auf den Preis, da gute Ware, und die kommt bei Seefahrten nur in Betracht, durch ihre Präzisionsarbeit verhältnismäßig teuer sein muß.

Taschenkompasse mögen zur schnellen Orientierung solange Land in greifbarer Nähe ist, angewendet werden, sind aber zur Navigierung fast vollkommen unbrauchbar. Welcher Art der Kompaß sei, das richtet sich ganz nach der Größe und Stabilität der Jacht. Für kleinere Jachten, die im Sommer ihre Küstentouren machen, würde der sogenannte Bootskompaß vollkommen genügen. Dieselben sind meistenteils wegen ihrer ruhigeren Bewegung als Fluidkompaß gebaut, gegenüber den Trockenkompassen.

Bei den sogenannten Fluid- oder Schwimmkompassen ist der Kompaßkessel mit einer Flüssigkeit, Spiritus oder Glyzerin gefüllt, um den Rosen mehr Ruhe bei Erschütterungen wie Seegang usw. zu geben. Die Rosen sind außerdem mit einer Luftkapsel versehen, wodurch das Gewicht, mit dem sie auf die Pinne drücken, bedeutend verringert wird.

Ist man nun glücklicher Besitzer eines Kompasses, so ist damit der geringste Teil getan, um die Jacht seemäßig zu machen. Denn die Hauptsache bei der Arbeit mit dem Kompaß besteht neben der richtigen Handhabung in der richtigen Aufstellung an Bord; denn um mit einem guten Kompaß auch Gutes zu leisten, gehört vor allen Dingen, daß er richtig aufgestellt und gut kompensiert ist.

Aufstellung des Kompasses.

Ist die Jacht aus Holz, so kann der Eigner die Aufstellung selbständig vornehmen, da hierbei eine Ablenkung der Nadel nicht zu befürchten ist, anders verhält es sich bei eisernen Jachten, worauf ich später noch zu sprechen komme.

Natürlich ist der Hauptgrund bei der Wahl eines Platzes, gute Übersicht der Kompaßrose bei Tag und Nacht, sowie freie Aussicht zum Peilen nach allen Richtungen.

Der Steuerstrich muß mit der Kiellinie parallel sein, was man am leichtesten dadurch erlangt, und wie es auch meistens ausgeführt wird, daß man den Kompaß genau auf die Mitschiffslinie stellt. Die Aufstellung des Kompasses bei eisernen Schiffen näher zu beschreiben, würde zu viel Raum fortnehmen, daher will ich mich nur auf einige kurze Anweisungen beschränken.

Durch den Erdmagnetismus wird sämtliches Eisen am Schiffskörper magnetisch und lenkt dadurch die Magnetnadel ab. Es entsteht die sogenannte „Deviation" oder Ablenkung der Magnetnadel. Da die Eisenteile im Schiff allmählich zur Ruhe kommen, so ändert sich natürlich gleichlaufend die Größe der Deviation. Dieselbe versucht man durch Anbringung zweier Magnete, dicht am Kompaß so weit wie möglich zu verringern; mit allen Mitteln der Neuzeit ist es aber bis jetzt noch nicht gelungen, dieselbe ganz zu entfernen.

Daher sollte ein Kompaß auf eisernen Jachten nur von Leuten, die mit der Theorie des Kompasses und seiner Deviation vollkommen vertraut sind, aufgestellt werden.

Da die Kompaßnadel nicht nach dem wahren oder geographischen Nordpol zeigt, sondern sich auf den magnetischen Nordpol (wie er in der Nautik benannt wird) einstellt, der aber nicht mit dem wahren zusammenfällt, so ergibt sich eine seitliche Ablenkung.

Der Winkel, um welchen die Magnetnadel aus der wahren Nordrichtung oder dem Meridian herausgerissen wird, nennt man „Deklination" oder Mißweisung (D), deren Größe stets auf den Seekarten zu finden ist. Ihre Größe ist natürlich an jedem Punkte der Erde verschieden, hat aber für die Küstensegelei wenig auf sich, da die Änderung sich erst bei sehr großen Touren bemerkbar macht. Die Ablenkung und die Mißweisung kann „Ost oder West" sein.

Für die heimischen Gewässer kommt aber nur die Westmißweisung in Betracht, d. h. die auf der Seekarte gefundene Mißweisung muß, von dem Kompaßkurs ausgehend nach links angebracht werden, wobei man sich selbst in der Mitte der Kompaßrohre zu denken hat, wir haben also einen linksweisenden Kurs.

Theoretisch stimmt der Kurs noch nicht ganz, denn wenn man nicht gerade vor dem Winde segelt, muß man die Abtrift noch in Betracht ziehen, die bei Jachten aber so gering sein dürfte, daß sie ganz fortgelassen werden kann. Diese Abhandlung über den Kompaß sieht etwas schwierig aus, man nehme sich jedoch einmal eine Seekarte vor, lege sie auf den Tisch, einen Taschenkompaß dazu, und versuche irgendeinen Hafen oder Insel anzusteuern, so wird man bald finden, daß es bei einiger Übung, wenn man das Ganze erst einmal richtig begriffen hat, eine ziemlich einfache Sache ist.

Das Loggen.

Hat man den Kurs der Jacht am Kompaß abgelesen, so muß man zur Orientierung auch noch die Geschwindigkeit kennen, mit welcher die Jacht segelt.

Die Geschwindigkeit mit dem Auge zu taxieren, dürfte hierbei nicht angebracht sein, denn bei wechselndem Wind, ist auch die Geschwindigkeit ungleich, wodurch man oft zu grundfalschen Resultaten gelangt.

Bei den kleineren Jachten genügt die Anwendung eines „Handloggs" (Fig. 53) vollkommen, sie hat den Vorteil der Billigkeit den Patentloggs gegenüber, denn man kann sie leicht selbst herstellen.

Zur Herstellung eines einfachen Handloggs nimmt man eine lange 6 garnige, gut gereckte und ausgedrehte Hanfleine, an deren einem Ende man ein Logscheit, Logbrett (a) anbringt, ein Quadrant von ungefähr 20 cm Radius und 6—8 mm Stärke, der auf seiner Peripherie mit einem so schweren Bleistreifen umgeben wird, daß das Logscheit im Wasser schwimmend, sich gerade noch mit der Spitze an der Oberfläche befindet. Von den drei Ecken des Logscheites vereinigen sich 3 Schnüre zu der anfangs beschriebenen Hanfleine (b) (siehe Fig. 53).

Von dem Logscheit ausgehend, mißt man $1^1/_2$—2 Schiffslängen der Leine ab, befestigt hier einen kurzen aber gut sichtbaren Lappen, der etwas rund abgestutzt

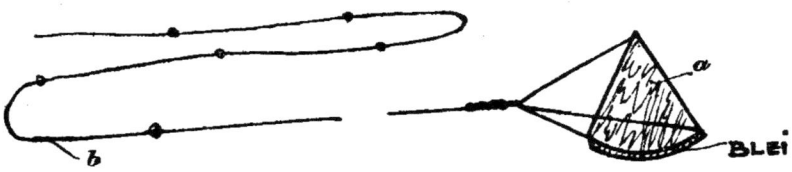

Fig. 53. Handlogg.

und meistens von weißer Farbe ist. Dieses Stück der Logleine nennt man den „Vorlauf", es hat den Zweck, das Logscheit, das den festen Punkt darstellt, von dem die Messungen ausgehen, nicht in den Sog des Kielwassers kommen zu lassen. Über diesen Verlauf wird dann alle 7 m ein Tauknoten oder Lederstreifen so eingespleißt, daß ein Verrutschen auf der Leine ganz ausgeschlossen ist.

Die Berechnung erfolgt nun folgendermaßen. Angenommen, ein Schiff lege bei gleichmäßiger Fahrt in einer Stunde genau eine Seemeile zurück, so müßten 1852 m Leine von Deck gelaufen sein. Das würde auf die Sekunde $\frac{1852}{3600} = 0{,}514$ m ergeben. (Meridiantertie.) Der Wasserwiderstand ist nun aber nicht so groß, um das

Logscheit auf derselben Stelle zu halten, daher wird die Meridiantertie von 0,514 m auf 0,5 m verkürzt; da der Zeitraum von einer Sekunde für diese Messungen unbrauchbar ist, so wird er meistens auf 14 Sekunden verlängert, was einer Leinenlänge von 0,5 · 14 = 7 m oder einer „Knotenlänge" entspricht.

Diese 7 m werden, wie schon anfangs gesagt, so oft auf der Leine abgetragen, daß man die größte vorkommende Geschwindigkeit seines Fahrzeuges messen kann.

Hat die in Frage kommende Jacht z. B. eine Geschwindigkeit von 6 Knoten, so müßten in dem Zeitraum von 14 Sekunden 6 · 7 = 42 m Leine (ohne Vorlauf) abgelaufen sein. Um einen sicheren, unbehinderten Ablauf der Loggleine zu erhalten, ist es vorteilhaft, dieselbe von einer

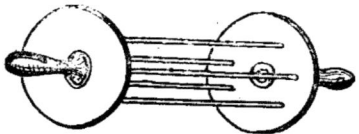

Fig. 54. Rolle für Handlogg.

Rolle abgehen zu lassen, wie es die Abbildung (Fig. 54) zeigt.

Die Arbeit des Loggens sollte immer von 2 Mann ausgeführt werden, einer beobachtet die Uhr, während der andere für freien Ablauf der Leine sorgt und die abgelaufenen Knoten zählt.

Hat man Kurs und Distanz festgelegt, so kann man mit Hilfe der Seekarte auch den Ort festlegen, wo man sich gerade befindet.

Die Seekarte.

Eine Seekarte will gelesen und verstanden sein und dabei möchte ich dem Leser etwas zur Hand gehen. Bei dem ersten Blick sieht man, daß das Binnenland hierbei ganz vernachlässigt ist. Nur die Küstenstriche mit der See sind abgebildet, aber mit einer Genauigkeit, die bei jedem Laien Bewunderung erwecken muß. Zur leichteren

Loggen an Bord einer kleinen Jacht.

Orientierung sind an der Küste hervorragende, besonders auffallende Küstenstriche und Leuchttürme mit abgebildet, ebenso sind bei Untiefen, Hafeneinfahrten usw. die Abbildungen der Tonnen, Baken und Feuerschiffe aufgezeichnet.

Feuerschiffe und Leuchttürme sind außerdem noch durch gelbe, mit einem roten Punkt versehene Flecke besonders hervorgehoben, auch ist die Art des Feuers, ob festes, Blink- oder unterbrochenes Feuer angegeben. Bei Leuchttürmen bezeichnet der Kreis, mit dem jeder umgeben ist, die Sichtweite und zwar gilt dieselbe für eine Augeshöhe von 5 m über dem Meeresspiegel. Die Zahl neben dem Turm gibt seine Höhe an.

In der eigentlichen See sieht man eine ungeheure Menge von Zahlen, die die entsprechenden Wassertiefen, im allgemeinen auf mittleres Niedrigwasser bezogen, angeben, so daß der Segler nie weniger, dagegen in den meisten Fällen mehr Wasser vorfinden wird.

Damit der Küstensegler gleich einen richtigen Überblick hat, wie weit er sich mit seinem Fahrzeug von der gerade in Frage kommenden Küste halten muß, um nicht unangenehme Bekanntschaft mit dem Grunde zu machen, sind die gleichen Tiefen von je 100 m, 40 m, 20 m und 10 m durch punktierte Linien miteinander verbunden.

Die Buchstaben und Abkürzungen, die man neben den Zahlen hier und da antrifft, geben die Bodenbeschaffenheit an, ihre Bedeutungen selbst sind an einer Stelle der Karte erklärt.

Letzteres ist besonders beim Aufsuchen eines Ankerplatzes wichtig und von großem Nutzen.

Bei jeder Seekarte findet man zwei Kompaßrosen, von denen die innere meistens die rechtweisenden Richtungen angibt, die im allgemeinen in Graden gegeben sind, während der äußere Kompaß die in Strichen ausgedrückten mißweisenden Richtungen angibt. Die Größe der für den betreffenden Ort gültigen „Ortsmißweisung" befindet sich am oberen Ende des Kompasses, wo auch gleichzeitig die Zahl desjenigen Jahres steht, in welchem die Mißweisung bestimmt ist.

Dieselbe ändert sich nämlich im Laufe der Zeit, z. B. nimmt sie in der Ostsee augenblicklich 5—6 Bogenminuten ab, was 0,1 Grad gleichkommen würde. Diese minimale Abweichung kommt für den Küstensegler aber gar nicht in Betracht, da nur mit ganzen Graden gerechnet wird.

Bei Holzjachten kann der von der Kompaßrose abgelesene Kurs direkt auf die Karte übertragen werden, während bei eisernen Jachten stets erst die Ablenkung angebracht werden muß.

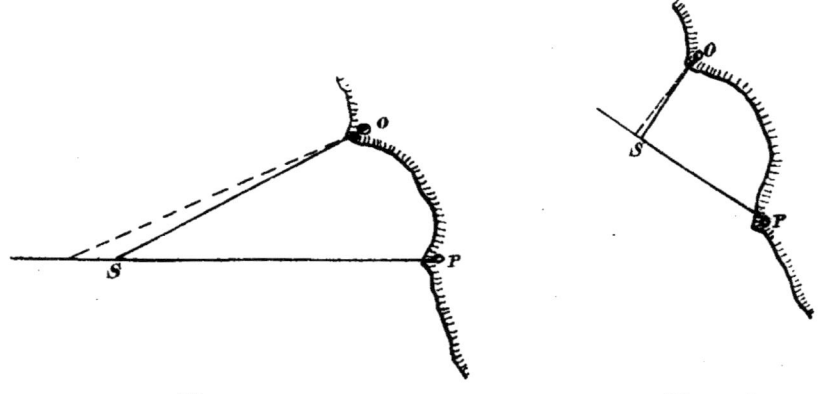

Fig. 55. Fig. 56.
Kreuzpeilungen.

Zum Absetzen des Kurses gebrauchte man früher ein Parallellineal, das aber in neuerer Zeit vollkommen durch ein rechtwinklig gleichschenkliges Zelluloiddreieck ersetzt wird. Dieses Dreieck legt man mit der Hypotenuse so auf den Kompaß, daß diese die verlangte Kursrichtung mit dem Mittelpunkt der Kompaßrose verbindet, dann legt man ein gerades Lineal an eine der Katheten und schiebt an dem Lineal das Dreieck bis zum Schiffsort hin.

Hat man mit seiner Jacht den schützenden Hafen verlassen, so beginnt man mit dem Einzeichnen der Distanzen und zurückgelegten Kurse in die Seekarte, wobei zu beachten ist, daß man die Seemeilen stets der

Breitenskala und niemals der Längenskala entnimmt und zwar für jede Seemeile eine Breitenminute.

Nun wollen wir auch eine „Peilung nehmen", wie der alte ehrliche Seemann sich ausdrückt. Dies geschieht, indem man einen hervorragenden Punkt der Küste anvisiert.

Eine Linie allein gibt uns nur den „geometrischen Ort" für den momentanen Standpunkt an, wir möchten aber gern Näheres über unseren Standpunkt wissen, dazu

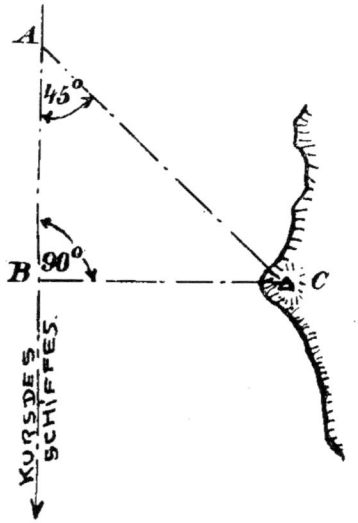

Fig. 57. Strichpeilung.

gehört eine Doppel- oder „Kreuzpeilung" (Fig. 55 u. 56), bei der gleichzeitig zwei Landobjekte gepeilt werden müssen, wobei der Schnittpunkt (S) der beiden Linien uns den Standort des Schiffes angibt, und zwar um so genauer, je rechtwinkliger die Peilungen ausgeführt waren; die beiden Figuren 55, 56 lassen das am leichtesten erkennen. Ist keine Strömung vorhanden, so kann man auch die „Strichpeilung" (Fig. 57) benutzen, d. h. man peilt einen markanten Küstenpunkt, wenn er mit dem Kurse einen Winkel von $45^0 = 4$ Strich macht, mißt dann die durchlaufende Strecke, bis man querab von demselben ist, d. h. also den Winkel zwischen Peilung und Kurs $= 90^0 = 8$ Strich hat, so ist man genau von dem Küstenpunkt so weit entfernt, als die durchlaufende Strecke A-B mißt, da die Katheten eines gleichschenklig rechtwinkligen Dreiecks einander gleich sind.

Bei den meisten Peilungen müssen etwaige Strömungen natürlich in Betracht gezogen werden, das ist aber ein sehr schwieriges Verfahren, denn man kennt die Strö-

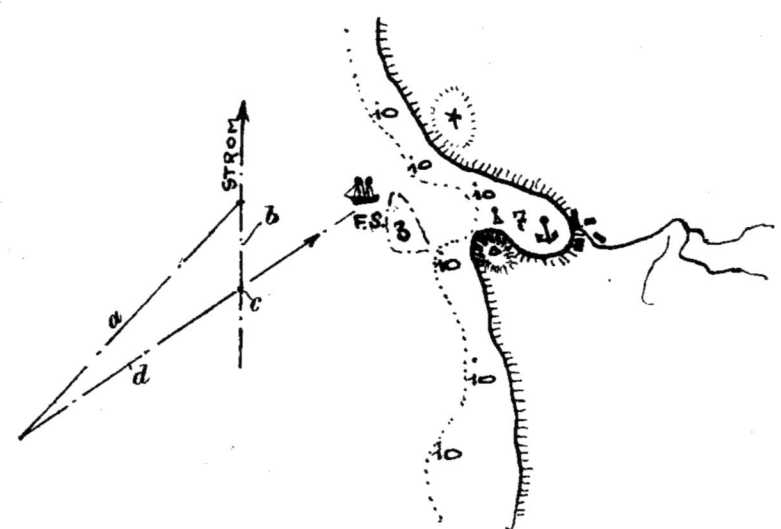

Fig. 58. Peilung bei Strom.

mungen nicht, sondern nimmt an oder baut auf Hörensagen. Gerade der Küstensegler auf kleinen Jachten, der aus dem Binnenlande kommt, kann sich in diesem Punkte fast gar keine Erfahrungen sammeln, denn die Meeresströmungen wechseln ganz nach Wind und Wetter, sowie Ebbe und Flut, daher sind die Angaben auf der Seekarte mit der einzigste Anhaltspunkt. Hierbei ist zu achten, daß die Strömungen ihren Namen danach erhalten, wohin sie fließen, gerade umgekehrt wie bei dem Wind. Setzt z. B. ein Strom NW mit 1,5 km Fahrt, so heißt das, die Wassermassen bewegen sich nach NW mit einer Geschwindigkeit von 1,5 km in der Stunde.

Nun möchte man auch wissen, wenn man im Strom segelt, welchen Weg das Schiff in Wirklichkeit über den Grund macht. (Fig. 58.) Das geschieht auf folgende Weise: Den gesteuerten Kurs überträgt man in die Karte (d), trägt die stündliche Fahrt darauf ab, im Endpunkt dieser Segelung (c) wird nun der Strom nach Richtung und Größe per Stunde angetragen (b) und hierauf der Anfangspunkt

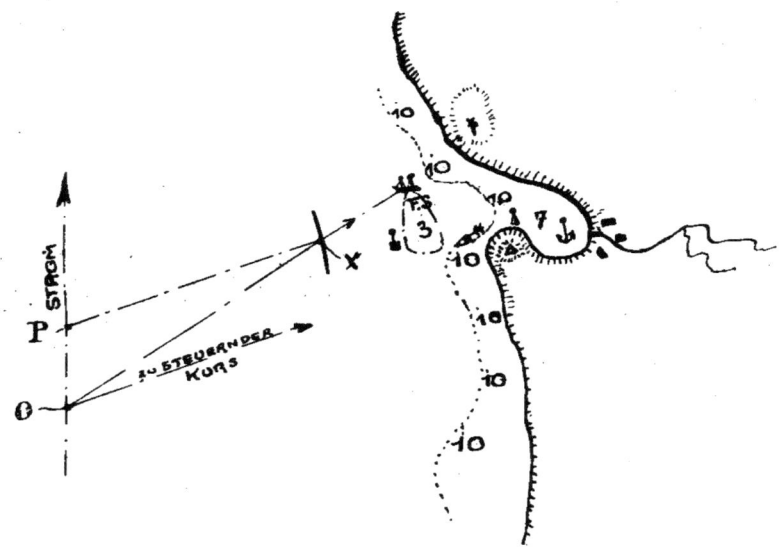

Fig. 59. Festlegen des zu steuernden Kurses.

des Kurses mit dem Endpunkt des Stromes durch eine gerade Linie (a) verbunden, die dann den wirklich über den Grund gemachten Weg nach Richtung und Größe für die Stunde angibt. In dem folgenden sei kurz erklärt: „Wie muß ich steuern, damit ich diese Richtung innehalte?" Hierbei muß natürlich auch wie bei dem ersten Beispiel die Strom- und Schiffsgeschwindigkeit bekannt sein (Fig. 59).

Man verbindet den Abfahrtsort O mit dem Bestimmungsort F. S. durch eine Gerade, und trägt von dem Abfahrtsort O die Richtung und Stärke des Stromes pro Stunde ab, das ergibt in der Fig. O den Punkt P. Dann nimmt man die stündliche Fahrt der Jacht in die Zirkelöffnung und schlägt von dem Endpunkte des Stromes (P) einen Kreis, der den Weg über Grund im Punkte X trifft, die Richtung der Verbindungslinie von P und X gibt dann den zu steuernden Kurs an.

Die Länge der Strecke OX gibt die Anzahl der Seemeilen an, die in einer Stunde zurückgelegt werden. Dividiert man mit dieser Zahl in die Entfernung des Bestimmungsortes, so erhält man die Zeit, welche noch erforderlich ist, denselben zu erreichen.

Trotz aller Vorsicht kommt es in unbekannten Gewässern sehr leicht vor, daß man nicht an den Punkt gelangt, den man ansegeln will, ich erinnere nur an die Ostsee-Regatta um Bornholm, bei der von mehreren Jachten die zu rundende Insel überhaupt nicht gefunden wurde. Die eben besprochenen **Stromversetzungen** erschweren das Ansegeln sehr, wenn nun dabei noch gekreuzt werden muß, dann kommt man, da man nicht täglich mit Karte und Kompaß zu arbeiten hat, nur zu leicht in Schwulitäten; man denkt dann zwar: ich hoffe, wir werden diese Küste in Sicht bekommen, fährt dabei aber mit dem Finger auf der Karte über einen Küstenstrich von mindestens 6—10 Meilen.

Da kommt die letzte Rettung und die besteht im Lot.

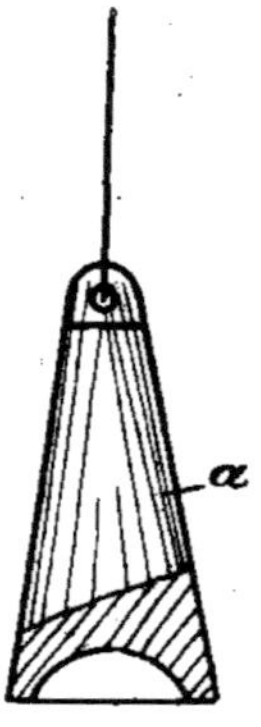

Das Lot (Fig. 60), das dem Binnensegler ja auch sehr bekannt ist aber meistens erst dann angewendet wird, wenn der Wulstkieler in voller Fahrt auf eine Untiefe aufgebrummt ist und durch seine Leelage, trotzdem die Schoten gefiert sind, anzeigt, daß ihm die Wassertiefe zum Schwimmen nicht genügt, will ich auch an Hand der beigefügten Zeichnung (Fig. 60) kurz beschreiben. (a) ist ein längliches Stück Blei, das an dem unteren

Fig. 60. Das Lot.

Das Loten.

Ende etwas ausgehöhlt ist und an dem oberen ein Loch hat, zur Befestigung der Lotleine. Alle Meter splißt man gerade wie bei der Löggleine einen Tauknoten oder Lederstreifen ein; zum leichteren Ablesen bei größeren Tiefen ist es vorteilhaft, alle 10 m den Knoten durch einen weißen Lappen zu ersetzen.

Beim Loten ist eine Fahrtverminderung unerläßlich, da sonst das Lot ohne Grund zu erhalten, achteraus schwimmt.

Das Loten geschieht auf folgende Weise: Nachdem man die Öffnung an dem unteren Ende des Lotbleies mit Talg gefüllt hat, begibt man sich an die Luvwant und wirft das Blei weit voraus; sobald man spürt, daß das Lotblei den Grund berührt, hält man die Lotleine fest, und liest die Wassertiefe von der stramm gehaltenen Leine an der Wasseroberfläche ab. Dieses Loten muß, um ein sicheres Resultat zu erzielen, natürlich mehreremal geschehen, mit jedesmaliger frischer Talgfüllung, um von der Bodenbeschaffenheit genaue Kenntnisse zu erhalten, die die Bestimmung des Aufenthaltsortes oft sehr erleichtert. Stimmen die erhaltenen Tiefen mit dem scheinbaren Ort nicht überein, so ist es ein Zeichen, daß unsere Navigation nicht ganz richtig war; in der Nähe des scheinbaren Ortes wird man die aufgefundenen Tiefen nun suchen müssen, um sich dann weiter zu orientieren und einen neuen Kurs anzusetzen.

Die bei dem Loten gefundenen Tiefen direkt mit den Tiefenangaben der Karte zu vergleichen, kann natürlich nur in der Ostsee stattfinden, da hier Ebbe und Flut fehlen.

Anders ist es in der Nordsee z. B., hier muß die gemessene Tiefe erst in Niedrigwasser umgerechnet werden, dazu ist die Kenntnis der Zeit des Hoch- und Niedrigwassers aber unbedingt erforderlich.

Ebbe und Flut, die von dem Mond und der Sonne hervorgerufen werden, treten meistens zweimal täglich auf, und zwar liegen sie je 12 Stunden 25 Minuten auseinander, also die Zeit zwischen Ebbe und Flut 6 Stunden 12 Minuten.

Da dieselben aber sehr von den örtlichen Verhältnissen abhängen, z. B. Flüssen usw., so besorge man sich die von dem Reichs-Marine-Amt herausgegebenen „Gezeitentafeln", indem diese Zeiten für bestimmte Plätze der Nordsee vorausberechnet sind.

Auch sind dem Küstensegler die von der „Deutschen Seewarte" herausgegebenen Segelanweisungen sehr zu empfehlen, in denen er alles, was die Küste anbetrifft, bis in die kleinsten Details findet.

Für einfache Küstensegelei wird man mit unseren Angaben auskommen, für größere Fahrten muß man ein Besteck aufmachen und dergleichen natürlich firm beherrschen, da man sonst sich und die anvertrauten Mitsegler in Gefahr bringen kann.

Die Ostseeküste, zumal zwischen den dänischen Inseln, ist ein herrliches Küstenrevier, während ihr östlicher Teil und die Nordsee mehr den größeren Jachten vorbehalten sein muß, denn man hat hier bei drohendem Unwetter oder auffrischendem Wind nicht so zahlreiche und günstige Gelegenheit, sich in einen Hafen, oder in eine Bucht, oder in Lee einer schützenden Insel zu flüchten.

N. Alphabetisches Verzeichnis der gebräuchlichsten nautischen Benennungen.

Abbringen, ein auf den Grund geratenes Boot wieder flott machen.
Abfallen, das Vorderteil des Bootes vom Winde wegwenden.
— aus dem Winde gehen, den Bug vom Winde abgehen lassen.
Abfieren, ein Tau nachlassen.
Abschlagen, das Lösen der Segel für die Winterung.
Abtakeln, bei größeren Jachten alles herunternehmen.
Abtrift, das Seitwärtstreiben des Bootes durch den Seitenwind, durch Strömungen, Gezeiten.
Achter, das hintere Teil des Schiffes (davon Achterwind usw.).
Am Winde segeln, ist das Segeln mit solchem Winde, der von vorn kommt.
Anker-Boje, s. Boje.
Anker lichten, ihn aus dem Grunde holen.
Anliegen, bestimmten Kurs fahren.
— eine gewisse Richtung halten.
Anluven, in den Wind gehen.
— das Vorderteil des Bootes in den Wind bringen.
Ansetzen, ist Straffziehen des stehenden Guts, Wanten usw.
Arbeiten, Stampfen des Fahrzeuges.
Aufentern, in das Takelwerk steigen.
Aufgeien, ein Segel mit dem Geitau (Geileine) zusammenholen.
Aufschießen der Taue, jeder Segler legt die nicht benutzten Taue oder die Enden in Ringe, was man A. nennt.
Auge, eine Schlinge im Tau.
Ausholer, eiserner Ring mit Haken, der den Hals des Klüvers vorne nach dem Bugspriet bringt.
Ausscheren, ein Tau aus den Blöcken ziehen.
Ausstechen ein Reff, auch:
Ausschütten, wenn man durch Lösen der Reffbändsel das Segel wieder vergrößert.

Back, rückwärts.
Backbord, die linke Seite des Bootes.
Backbordschlag ist der, bei dem das Segel auf der Backbordseite steht.
Backstag, Stütztau des Mastes wird bei großen Jachten bei raumem Winde achtern in Luv gesetzt.

Backstagswind, ist der mehr achterlich kommende Wind = Dreiviertelwind.

Bauchen der Segel, ist ein Zeichen, daß sie entweder nicht richtig gesetzt oder falsch geschnitten sind.

Baum, Rundholz, unten am Großsegel der meisten Boote.

Beim Winde segeln, wenn der Wind schräg von vorne kommt.

Beiliegen, im Sturme das Boot dicht am Winde halten ohne viel Fahrt zu machen, doch ohne rückwärtsgetrieben zu werden.

Beisetzen, die Segel, solche aufheißen.

Bergen der Segel, solche wegnehmen.

Berthonboot, ein aus Leinwand gefertigtes, zusammenklappbares Beiboot.

Besanmast oder -segel, steht bei Booten und Jachten (Yawls) hinter dem Steuer.

Beschlagen der Segel, diese festmachen.

Betakeln, das Ende eines Taues, das letzte Ende mit feinerem Garn bewickeln, damit es sich nicht aufdrehen kann.

Bindsel, Stück Bindfaden.

Block, ist eine sich leicht drehende Rolle in einer hölzernen oder eisernen Umhüllung, über die Rolle werden die Taue geführt.

Bö, plötzlich einsetzender Windstoß.

Boje, schwimmendes Stück, am besten Tonne, das anzeigt, daß etwas auf dem Grunde liegt, wie Anker usw. Man läßt größere Jachten ungern am Lande vertäuen, sondern an Ankern, die man der Arbeitsverminderung halber immer liegen läßt. An diesen Anker oder sonstigen Gegenstand ist durch eine nicht zu kurze Kette, deren Länge mindestens die 4—6 fache Wassertiefe betragen muß, die Boje befestigt. Diese hat an der oberen Seite einen Ring, an dem das Boot einfach vertäut wird. Das Fahrzeug kann frei um die Boje herumschwingen, muß dazu natürlich den nötigen Raum haben. Zu bemerken ist, daß der Anker schwer genug sein muß, so daß selbst stürmischer Wind nicht die Jacht zum Treiben bringt, was schwere Havarie für das Boot mit sich bringen kann.

Brise, leichter Wind.

Bucht, jeder Kreis, den ein Tau beim Aufschießen beschreibt.

Bug, Vorderteil des Fahrzeuges.

Catboot, mit einem Gaffelsegel.

Cockpit, ein meistens durch einen Setzbord (s. d.) geschützter Raum im Deck.

Dingy, ein kleines Boot zum Segeln und Rudern eingerichtet.

Dirk, Tau, in dem bei größeren Booten, bezw. Jachten das hintere Ende des Baumes hängt.
Dollbord, oberste Bord, in dem die Dollen = Rudergabeln sind.
Dreikant = Topsegel (s. Topsegel).
Duchten eines Bootes = Ruderbänke.
— **eines Taues** Stränge, aus denen es gedreht ist.
Dwars, querab.
Einrennen, das Bugspriet usw. einziehen.
Einscheren, die Enden durch einen Block oder Kausche holen.
Enden, heißen alle laufenden Taue.
Ewer, kräftig gebaute Fischerjachten an der Unterelbe mit Yawltakelung.
Faden, 6 Fuß oder 1,72 m.
Fall, das Ende, an dem ein Segel gehißt wird.
Flossenkieler, Boot mit Kiel in Flossenform.
Flunder, breites flaches Schwertboot.
Fock, 3 eckiges Vorsegel. Auch das unterste Raasegel am Fockmast, bei Schiffen mit Raatakelung.
Fockschoten, die Enden, mit denen die Fock angeholt wird (s. Schoten).
Fockmast, vor dem Hauptmast.
Fockstag, festes Tau, an dem die Stagfock heraufläuft.
Gaffel, das Rundholz, an dem die obere Seite des Großsegels angeschlagen ist und das mit einer Gabel den Mast umfaßt.
Gaffelfall, auch Piekfall genannt, der Fall, an dem die Gaffel aufgeholt und steil gesetzt wird.
Gaffelsegel, an der Gaffel hängendes Segel.
Geien, Zusammenholen mit Tauen oder Leinen, z. B. bei Sprietsegeln und Segeln ohne Unter(Giek-)baum, daher:
Geitau.
Gieksegel, jedes Segel, das einen Unterbaum (Giekbaum) hat.
Gieren, die nicht beabsichtigten Seitenbewegungen eines Bootes.
Gig, ursprünglich ein schnelles, schmales Ruderboot, mit dem der Schiffseigner oder Kapitän ans Land fuhr; jetzt verallgemeinert für Boote ähnlichen Schlages.
Großsegel, das Hauptsegel auf einer Jacht, bei Schonern das hintere Segel.
Großschote holt dieses an.
Gut, ist alles Tauwerk, auch das stählerne; daher stehendes und laufendes Gut.
Halber Wind, der senkrecht auf die Schiffsrichtung geht.
Hals (plur. die Halsen), die Enden, mit denen die unteren Ecken des Focks, Großsegels usw. nach vorne geholt werden.

Halsen, (verb.) ist das Gegenteil von Wenden. Man fällt vom Winde ab, so lange bis der Wind von achtern kommt; dann nimmt man das Großsegel über und legt den neuen Kurs an. Bei Wind in kleinen Booten nicht ungefährliches, in größeren die Takelage sehr anstrengendes Manöver.

Heck, das hintere über Wasser ragende Teil des Oberdecks.

Heißen (auch hissen), ist das Setzen (Aufziehen) von Segeln, Flaggen usw.

Hinterliek, das Liek (Tau), hintere Kante des Segels.

Jager, ein kleiner Außenklüver.

Jolle, ein kleines Boot, von Laien meist „Rettungsboot" genannt.

Jungfern, Blöcke mit Löchern zur Aufnahme der Wanten.

Kabbliges Wasser, entsteht durch Rückwogen der Wellen, die gegen ein festes Ufer stürzen; auf See auch, wenn ein neuer Wind gegen anderslaufende Wellenrichtung, gegen Flut, Ebbe oder Strömung einwirkt.

Kalfatern, das Dichten und Streichen des Bootes usw.

Karveel- oder Karweelgebaut, wenn die Planken mit den Seitenflächen genau aufeinanderstoßen.

Kausche, eiserner Ring mit konkaver äußerer Rinne, um den ein Tau gepließt wird, damit es ein festes „Auge" bildet.

Kentern, umschlagen.

Kiel, unterster Balken in der Längsrichtung des Bootes, sitzt unter dem Kielschwein (s. d.), gibt demselben Widerstandsfähigkeit und beim Segeln Lateralplan gegen Seitwärtstreiben.

Kielschwein, Holz, auf dem der Kiel und die Spanten sitzen.

Kielwasser, die Spur, die ein Fahrzeug im Wasser hinterläßt.

Killen der Segel, wenn der Wind, von vorne kommend, das Segel hin- und herschlagen läßt.

Klar, fertig.

Klar zum Wenden! Kommando vor dem Wenden, worauf alles zu diesem Manöver vorbereitet wird.

Klau, ist die Gabel der Gaffel.

Klaufall, Tau zum Aufheben der Gaffel.

Klinkergebaut ist ein Boot, bei dem die Planken dachförmig übereinandergreifen.

Klüver, vorderes Vorsegel auf Kuttern.

Kockpit s. Cockpit.

Koffin, auch Coffeynägel, hölzerne oder eiserne Nägel zum Belegen der Taue, Schoten usw.

Krängen, überliegen.

Kreuzen, gegen den Wind ansegeln, indem man mit $1/4$ Wind abwechselnd auf Back- oder Steuerbordbug segelt.

Kutter, Boot, das einen Mast mit Stenge und zwei Vorsegeln (Fock und Klüver) führt.
Lateralplan, die Fläche des Bootes, welche den Widerstand gegen Seitwärtstreiben bewirkt, in Segeljachten durch hohen Kiel oder Schwert verkörpert.
Laufendes Gut, das bewegliche Tauwerk.
Lavwindig, auch **lavgierig**, geneigt zum Abfallen vom Winde.
Lee, die vom Winde abgekehrte Seite der Fahrzeuge.
Leitwagen, eiserne Stange, auf der die Schote von Luv nach Lee überfährt.
Liek, die Taueinfassung (Saumtau) eines Segels.
Löffelbug, ein schräg nach vorn ausladender Bug.
Logbuch, Schiffstagebuch, in dem Kurs, Geschwindigkeit, Lage des Schiffes usw. bemerkt werden.
Loggen, Feststellen der Schiffsgeschwindigkeit im Wasser mittels Loggapparat.
Luv, die Richtung, von der der Wind kommt.
Luven, anluven, den Bug des Bootes in den Wind bringen.
Luvgierig, wenn das Boot die Neigung zeigt, den Bug in den Wind zu drehen.

Nock, das äußerste Ende einer Spiere.
Nullspant bezeichnet den Umfang eines Bootes an der Stelle, an der es am breitesten ist.

Peilen, loten.
Persenning, geteertes Segeltuch, das man zum Schutze über die Segel befestigt.
Piek, s. Gaffel.
Pinne, s. Ruderpinne.
Poller, fester Holzpflock, zum Belegen geeignet.

Raa, Rundholz, an das die Segel angeschlagen werden.
Rank ist ein Schiff, das sich leicht auf die Seite neigt.
Raumer, günstiger Wind von achtern.
Raumschots, mit raumem Wind segeln.
Reffen, das Segel verkleinern.
Reling, ein wasserdichter Aufbau auf Deck zum Schutze gegen überkommende Seen.
Riem, Riemen, zum Rudern; gewöhnlich „Ruder" genannt. Beim Segelboot versteht man unter „Ruder" das Steuer.
Rhe, Kommando zum Wenden.
Riß, die Konstruktionszeichnung eines Fahrzeuges.
Rollen, das Seitwärtsschwanken einer Jacht bei seitlichem Winde.
Ruder, vom Laien „Steuerruder" genannt.
Ruderpinne, der Arm am Ruder, mit dem man dieses regiert.

Saling, Querholz oder Eisen zur Spreizung der Stängewanten.
Schaluppe, mit einem Mast, aber ohne Stängen.
Scheren, die Enden durch Blöcke ziehen.
Scherzeug, Flaschenzug.
Schiften, Segel auf die andere Seite nehmen.
Schlingern, starkes Seitwärtsschwanken einer Jacht usw.
Schoner (Schuner), Jacht mit 2 Masten und Gaffelsegeln.
Schoten, die Enden, mit denen die Segel an ihrem unteren hinteren Ende regiert werden.
Schrapen, Abkratzen des Bootes.
Schricken, die Schoten schnell fieren.
Schwabber, pinselähnlicher Besen zum Reinigen des Decks.
Schwert, Ersatz für Kiel. Meist Mittelschwerter im Gebrauch. Die M. werden beim Segeln am Winde aus dem wasserdicht eingebauten Schwertkasten heruntergelassen. Seitenschwerter werden an den Bootswänden heruntergestoßen.
Segel bergen, festmachen.
Segel beschlagen, zusammenrollen und festbinden.
Segeln beim Winde, wenn der Wind schräg von vorne kommt.
Segeln bei halbem Winde, wenn der Wind senkrecht zur Fahrtrichtung steht.
Segeln mit raumem Winde, wenn der Wind von achtern kommt.
Segel reffen, verkleinern.
Segel setzen, solche aufziehen.
Setzbord, Erhöhung des Bordrandes bei kleineren Booten, um weiter, ohne Wasser zu nehmen, überliegen zu können, bezw. um das Überspülen des Spritzwassers zu vermindern.
Sloop, Boot mit Pfahlmast und einem Vorsegel.
Spanten. Die Spanten geben den Planken Form und Stütze, sind bestimmend für die Form des Bootes.
Spiere, allgemeine Bezeichnung für die Hölzer der Takelage (Mast, Gaffel, Raa).
Spinnacker, großes dreieckiges Ballonsegel, wird beim Segeln vor dem Winde auf der vom Großsegel freien Seite an einen Baum (Sp.-Baum) gesetzt.
Splissen, 2 Tauenden ineinander flechten.
Spriet, eine Stange, die das Segel diagonal vom Hals aus streckt.
Stag, Tau (Draht), das von der Mast- oder Bugsprietspitze nach dem Vorderteile des Schiffes führt; auch bei kleineren Booten rätlich, um den Mast zu stützen und dadurch ein flaches Stehen der Segel zu ermöglichen.
Stander, kleine dreieckige Klub- oder Rennflagge.

Stehendes Gut, das nicht bewegliche Tauwerk usw.
Steif 1, ist ein Boot, das nicht leicht überliegt, 2. = setzen, wenn man ein Tau recht fest anholt.
Steuer, wird vom Laien das Ruder genannt.
Steuerbord, die rechte Seite eines Schiffes.
Steven, sind die beiden Hölzer, die vorne und hinten dem Boote den Halt geben: Vorder- und Hintersteven.
Südwester, ein Ölhut mit Nackenschutz.
Talje, Ende, das durch einen Block geschoren ist, um eine größere Kraft ausüben zu können.
Top, oberes Ende der Masten.
Topsegel, kleines Segel über der Gaffel, drei- oder viereckig.
Treiber, das Hintersegel bei einer Yawl.
Trimmen, die ganze Besegelung in Ordnung bringen.
Überhang, die Teile des Bootes, Bug und Heck, die über die Wasserlinie herüberragen.
Überholen, die Segel auf die andere Seite holen.
— das Überliegen des Bootes.
Über Stag gehen, Wenden.
Verklicker, kleines Windfähnchen auf dem Mastknopf.
Verstauen, das Verpacken der Ladung an Bord; hat für Touren sehr sorgsam zu geschehen, damit bei stürmischem Wetter die Ladung nicht ins Rollen kommt.
Vertäuen, Festlegen des Bootes usw.
Vierkant-Topsegel, siehe Topsegel.
Wanten, die Stahltaue, die den Mast seitwärts halten.
Wantenspanner, Schrauben zum Anholen der Wanten.
Wasserlinie, die Linie, in der ein Boot usw. nach Einnahme des Ballastes usw. im Wasser liegt.
Weglegen (sich), das Seitwärtslegen eines Bootes bei starkem Winde.
Wenden, durch den Wind gehen.
Wimpel, lange schmale Flaggen, führen nur große Seeschiffe.
Wulstkieler. Statt Kiel 1 bis 2 m tiefer Stahlkiel, mit Bleiballast, zigarrenartig angehängt.
Yawl, ein Boot mit einem kleinen Hintersegel (Treiber).
Zurren, etwas festbinden.

O. Segelvereine.

	Adresse.
Berliner Yachtklub	Buchholtz, Berlin SO. 26, Mariannenstr. 20.
Berliner Regattaverein	Komm.-Rat Büxenstein, Berlin SW., Friedrichstr. 240.
Verein Seglerhaus a. Wannsee	H. Kretzschmar, Berlin, Jägerstr. 9.
Akadem. Seglerverein	Charlottenburg, Bismarckstr. 56.
Segelklub „Ahoi"	H. Homann, Berlin NO. 43, Friedenstr. 13.
Segelklub „Neptun"	E. Möllinger, Berlin W., Motzstr. 10.
Zeuthener Seglerverein	Eug. Meissner, Hankels Ablage bei Zeuthen.
Berliner Seglerklub	Nürrenbach, Berlin NW. 6, Schiffbauerdamm 5.
Westender Segelklub	F. Busse, Berlin-Westend, Eichen-Allee 16.
Märk. Yachtklub Potsdam	P. Günther, Deutsch-Wilmersdorf, Binger Str. 64.
Berliner Wettsegelverband	J. Barduhn, Berlin SO. 76, Waldemarstr. 3.
Verein Berliner Segler	G. Röder, Berlin, Pücklerstr. 13.
Verein Schmöckwitzer Segler	E. Schön, Berlin SO., Skalitzer Str. 24.
Yachtklub „Müggelsee"	J. Böttcher, Berlin N., Neanderstr. 21.
Potsdamer Yachtklub	P. Horn, Nowawes, Kaiser Wilhelmstr. 4.
Segelklub „Fraternitas"	F. Semff, Berlin O. 17, Markgrafendamm 17.
Berliner Jollenklub	E. Goldbeck, Berlin SO. 16, Köpenicker Str. 82.
Freie Vereinigung der Tourensegler Grünau v. 1899	G. Miersch, Berlin SO. 36, Reichenberger Str. 127 I.
Deutscher Yachtklub	Max Schmiedecke, Berlin, Ludwigkirchstr. 7.
Deutscher Yachtklub Viktoria	Berlin C. 19, Am Spittelmarkt 2 III.
Seglerklub Tegelsee	E. Schumacher, Spandau, Wröhmännerstr. 8.
Tegeler Segelklub	W. Medow, Berlin N. 4, Elisabethkirchstr. 5 II.
Verein Wassersport, Lehnitz	Katerbow, Berlin, Mehnerstr. 10.
Friedrichshagener Seglerklub	R. Schultze, Friedrichshagen, Seestr. 100.
Blankeneser Segelklub	Schifferhaus.
Seglerverein „Brandenburg"	Rechtsanw. Flaminius, Brandenburg a. H.

	Adresse.
Bremer Yachtklub	Andr. Frese, Kahlenstr. 8.
Segelverein „Weser"	E. Schelle, Bremen, Markt 17.
Danzig-Zoppoter Yachtklub „Gode Wind"	Dr. Hopp, Danzig, Heil. Geiststr. 132.
Segelklub Eckernförde	Drowatzkis Hotel Eckernförde.
Flensburger Segelklub	J. H. Jensen, Flensburg.
Norddeutscher Regattaverein	Hamburg, Bootshaus a. d. Alster.
Hamburger Yachtklub	Glockengießerwall 1.
Hamburger Segelverein	Eilbeckerweg 65.
Kaiserl. Yachtklub	Kiel, Seebadeanstalt.
Kölner Seglerklub	Rodenkirchen b. Köln.
Segelklub „Rhe"	Königsberg i. Pr., Kai 7.
Segelklub Baltic	Königsberg, F. Braun, Sackheimer Kirchenstr. 6.
Lübecker Yachtklub	Senator Ewers.
Segelverein „Lubeca"	P. Karstadt, Lübeck, Holstenstr. 20.
Magdeburger Yachtklub	W. Schumann, Breiteweg 230.
Memeler Segelverein	Dir. Neiß, Libauerstr. 43.
Seglerverein Würmsee	München, Rindermarkt 3 I.
Akad. Seglerverein München	Rich. Wagnerstr. 18.
Neuruppiner Ruderer- u. Seglerklub	Peters, Neu-Ruppin.
Segelklub Rheingau	A. Weber, Nieder-Walluf, Rheinstr. 5.
Verein Prenzlauer Segler	G. Röllig.
Mecklenburgischer Yachtklub	Dr. j. F. Moncke, Rostock.
Sonderburger Wassersport	Hotel Stadt Kiel.
Stettiner Yachtklub	W. Schell, Stettin, Kl. Domstr. 22.
Tilsiter Segelklub	F. Talaszus, Tilsit.
Rheinischer Seglerverband	Wiesbaden: Fischer, Schwalbacher Str. 4.
Wismar'scher Segelklub	Rechtsanw. Dr. Stichert.
Union-Yachtklub. Zweigvereine: Attersee, Wörther See, Traunsee, Wolfgangsee	Wien: Rich. Faber, Eßlinggasse 5.
Bregenzer Segelklub	Kaiserstr. 11.
Stefanie-Yachtklub	Balaton-Füred a. Plattensee.
Segelklub Leitmeritz	H. Blömer.
Kaiserl. u. königl. Jachtgeschwader	Pola.
Cesky-Yachtklub	Prag II, Wassergasse 46.
Zürcher Yachtklub	Th. Oberländer-Rittershaus, Zürich, Hofstr. 128.
Arensburger Yachtklub	Apotheker R. Fließ, Arensburg (Insel Oesel, Livland).
Rigaer Yachtklub	Ballastdamm I.
Livländischer Yachtklub	Riga, Konsul Wolfschmidt.

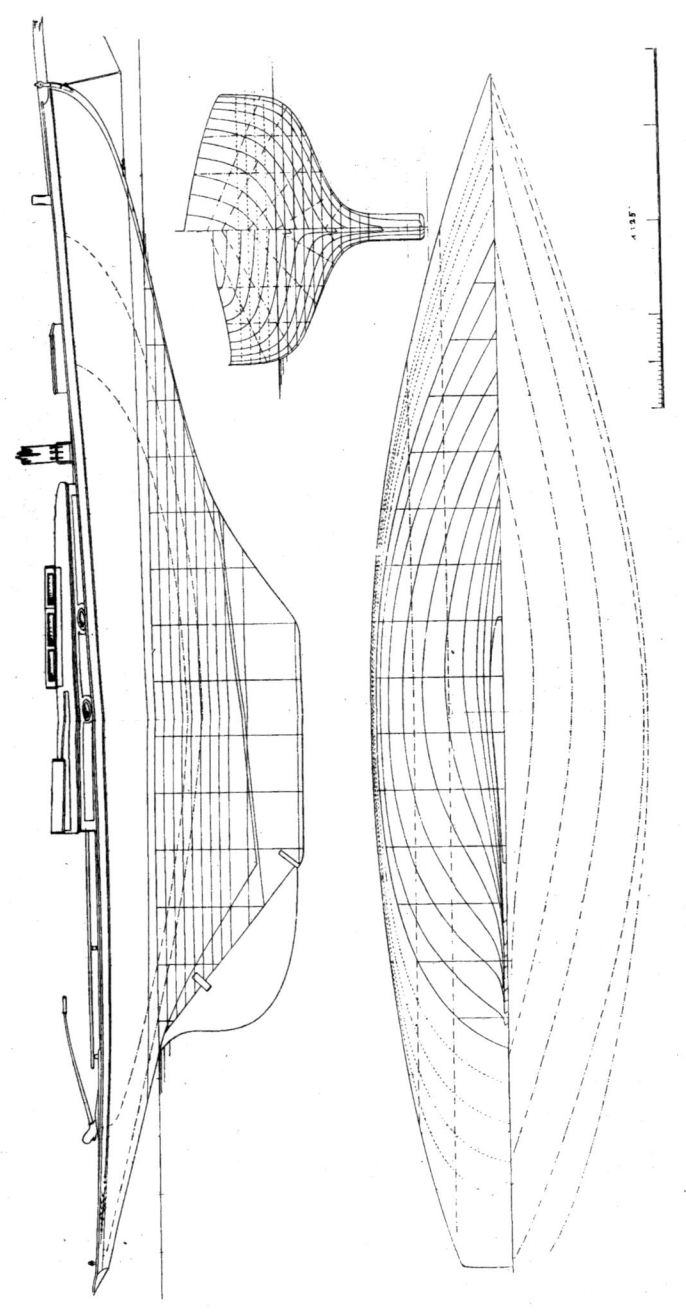

Äusserst schnelles und bequemes **Fahrzeug** von mittlerem Tiefgang mit bequemen Schlafräumen.

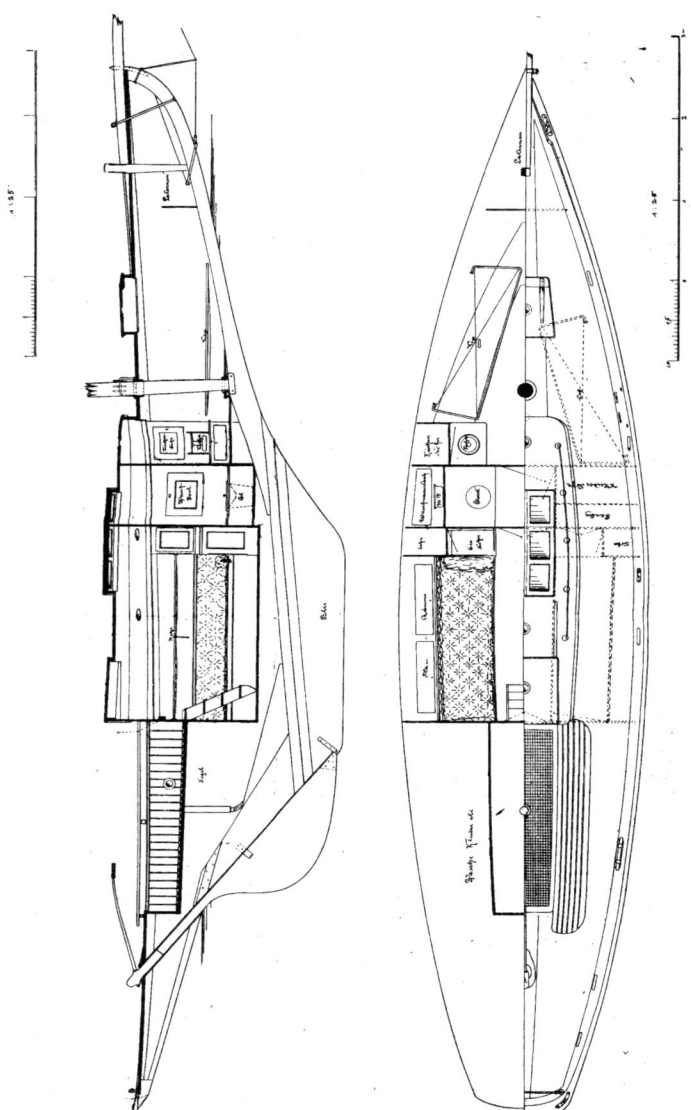

Moderne Kreuzerjacht
für kleinere Seetouren.

Schlafgelegenheit für 4 Personen.

Die handliche **Besegelung** ermöglicht ihre Bedienung durch zwei Personen. Geeignet zu Sommertouren auf der Ostsee. Cockpit ist wasserdicht über Wasserlinie, so daß das Fahrzeug unkenterbar ist.

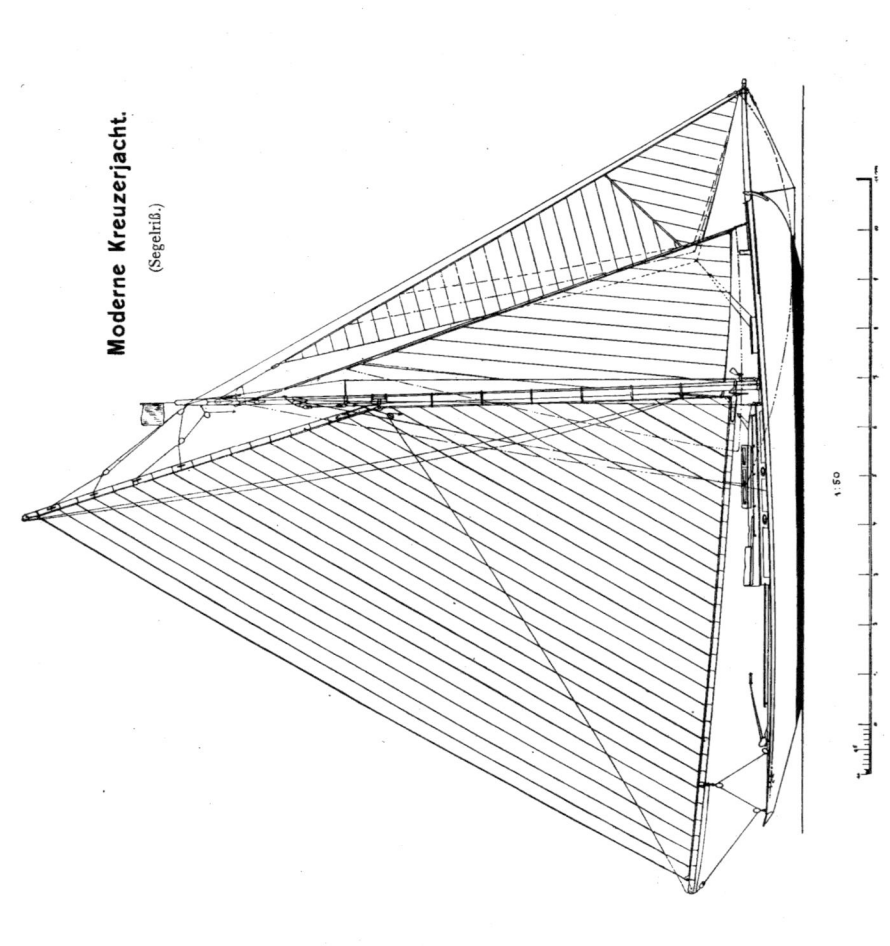

Moderne Kreuzerjacht.
(Segelriß.)

Knoten und Stiche. (Die Vorzeichnung genügt zum Einüben!)

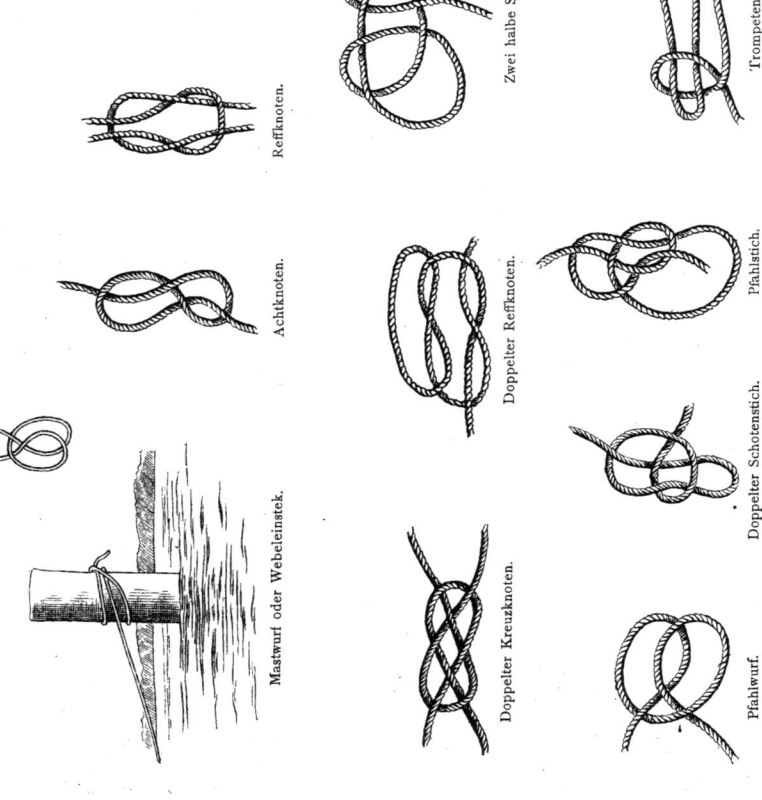

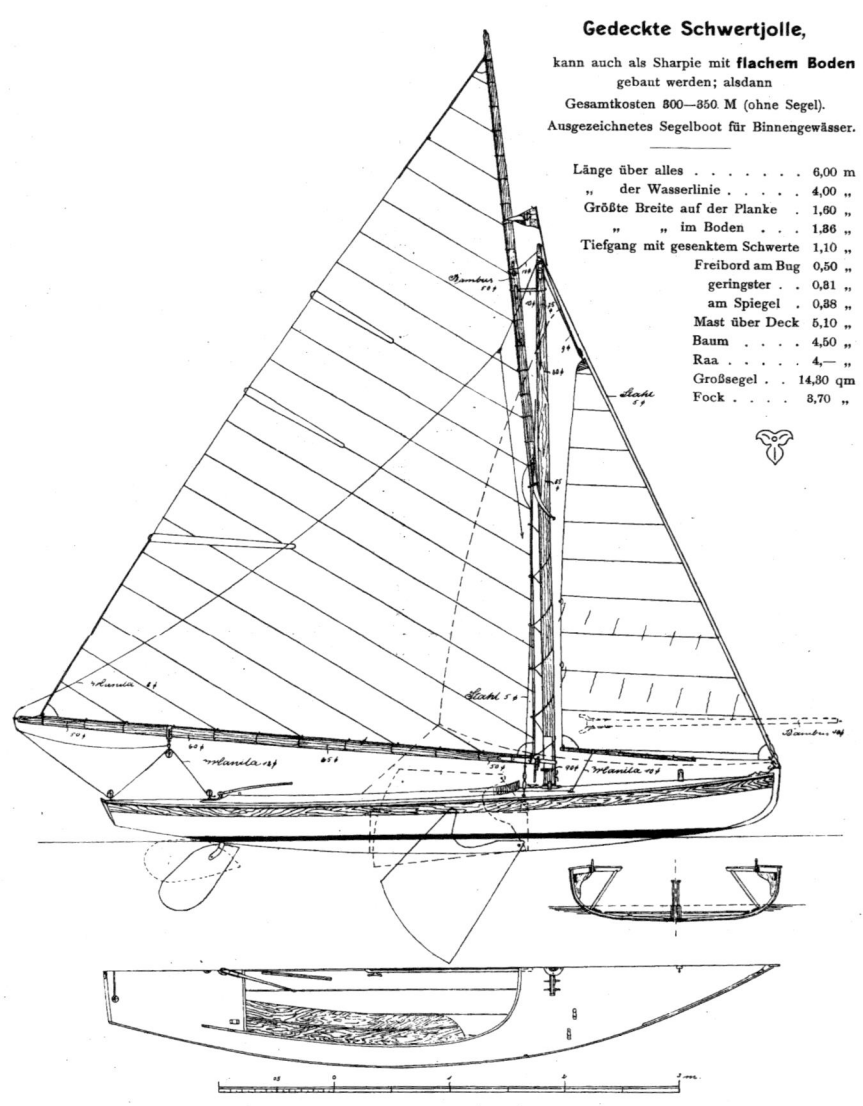

Gedeckte Schwertjolle,

kann auch als Sharpie mit **flachem Boden** gebaut werden; alsdann
Gesamtkosten 800—850 M (ohne Segel).
Ausgezeichnetes Segelboot für Binnengewässer.

Länge über alles	6,00 m
„ der Wasserlinie	4,00 „
Größte Breite auf der Planke .	1,60 „
„ „ im Boden . . .	1,86 „
Tiefgang mit gesenktem Schwerte	1,10 „
Freibord am Bug	0,50 „
geringster . .	0,81 „
am Spiegel . .	0,88 „
Mast über Deck	5,10 „
Baum	4,50 „
Raa	4,— „
Großsegel . .	14,30 qm
Fock	3,70 „

Bauausführung (als Sharpie).

Boden- und Seitenplanken: schwedische Fichte 17, resp. 15 mm im Nahtspantensystem (d. h. Längsspanten auf der Innenseite der Plankennähte), über welche die Querspanten und Bodenwrangen überkämmen. Querspanten und Bodenwrangen 50 × 35 mm stark. Knie, Spiegel, Schandeck, Schnurleiste, Reeling, Hauptdecksbalken und Decksknie aus Eiche. Schwert mit Bleibeschwerung und Schwertkasten aus pitch pine. Deck tannen 10 mm mit starker Leinwand.

Dies Fahrzeug ist kleineren Vereinen zur Anschaffung als Einheitsklubboote sehr zu empfehlen; vorzüglich geeignet zur Ausbildung von Anfängern, Steuerleuten wie Mannschaften, zum Wettsegeln. Mit Luftkästen unsinkbar.

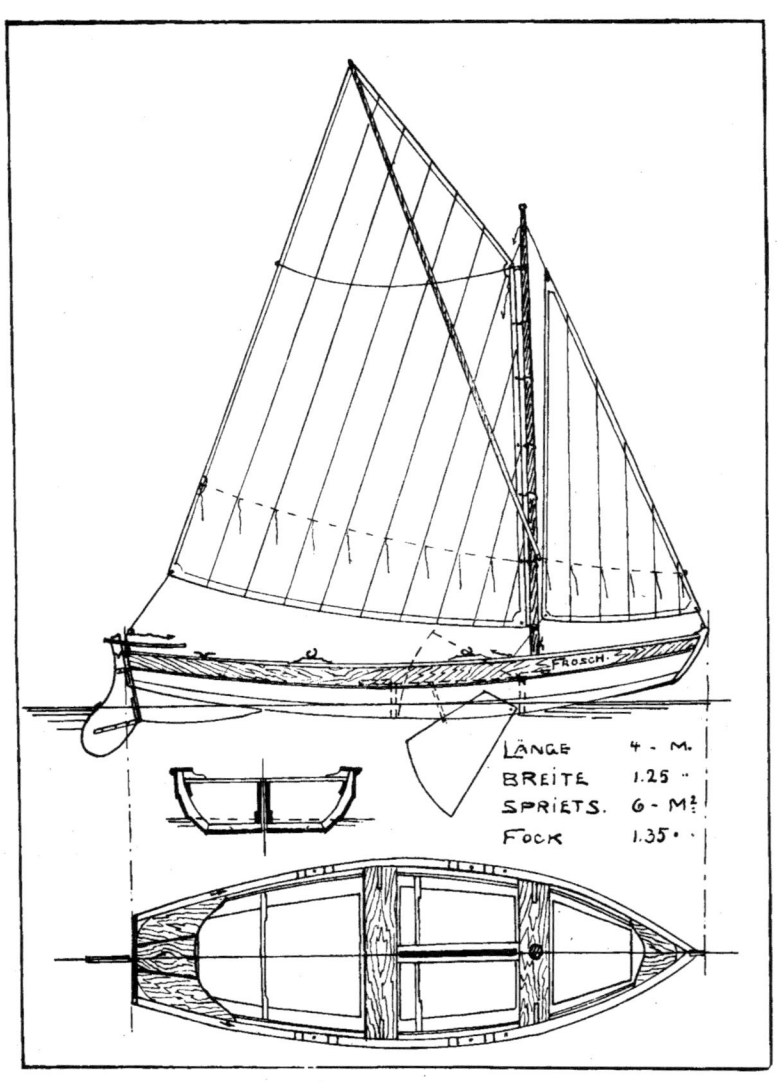

Billiger Segelkahn.

Zum Angeln, Fischen, zur Jagd sehr geeignetes billiges Fahrzeug, kann auch von Nichtfachleuten, Tischlern pp. nachgebaut werden, die Segel bestelle man sich beim Segelmacher.

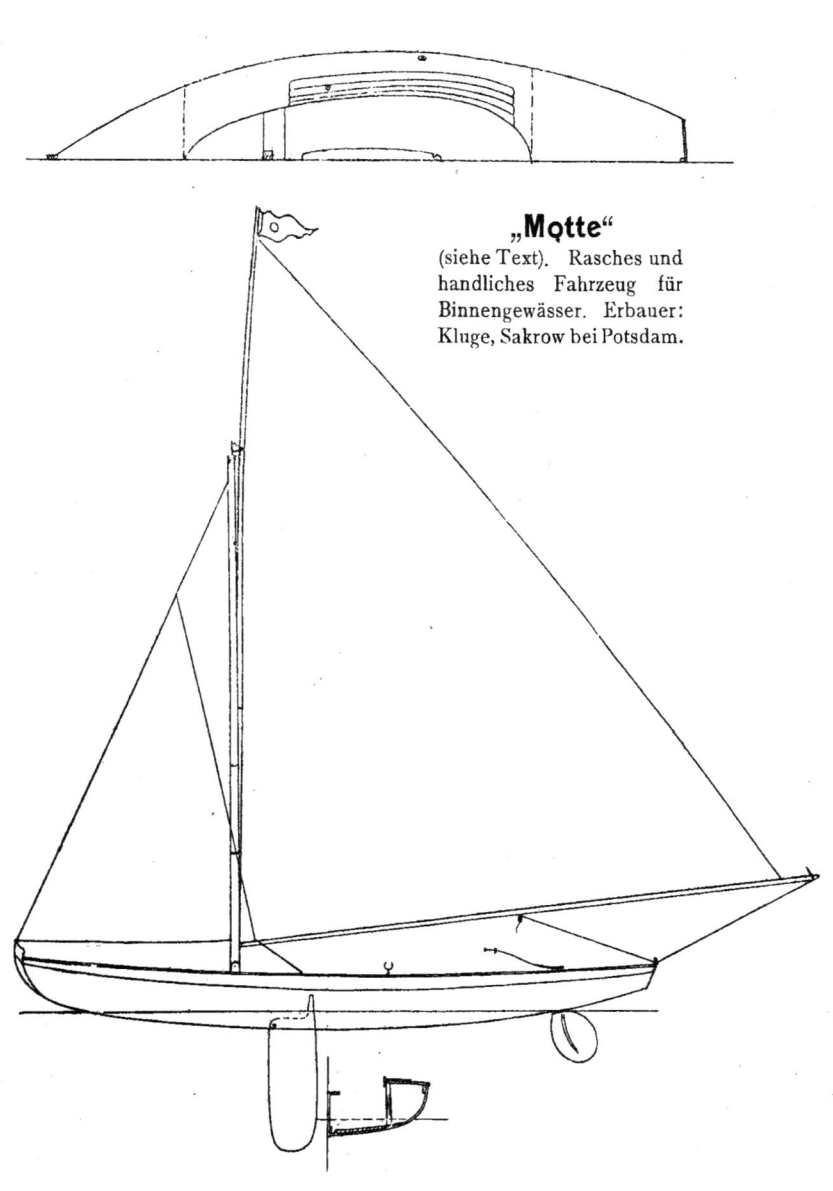

„Motte"
(siehe Text). Rasches und handliches Fahrzeug für Binnengewässer. Erbauer: Kluge, Sakrow bei Potsdam.

„Dingy".
Einhandboot kleinster Art

für kleinere Segelreviere und schmales Fahrwasser. Ist aber auch auf freiem Wasser sicher und kann viel Wind und Seegang vertragen. Empfehlenswertes Boot für **Anfänger**, der äußerst einfachen und bequemen Handhabung halber.

Erbauer:

Scharstein, Dietrichsdorf bei Kiel.